運に愛される人

見えない力に守られるための37の約束

中島 薫

SB
サンマーク文庫

文庫版はじめに

この『運に愛される人』を刊行してから、早いもので5年がたちました。その間、本を読んでくださった方々から、たくさんの感想をいただきました。

「運に対する見方が、がらりと変わりました！」

「自分と運の関係を、一から見直そうと思いました」

「いつも自分を見守ってくれている運に、感謝の気持ちを持つようになったら、なんだかいいことがたくさん起こり始めました！」

「何かハプニングが起こっても、以前ならパニックになっていたのが、それを楽しめるようになり、振り回されなくなりました」

こんなふうに、その人の人生がいい方向に変わっていった様子を知ることができて、著者冥利に尽きるというものです。自分にいいことが起こるよりも、もっと嬉《うれ》しいことですね。

私がいつも友人やビジネスのパートナー、自分の会社のスタッフなどに言っていることの一つに、「まず、周りの人を幸せにすること」というのがあります。自分が先ではなく、相手が先。そのほうが実は、幸福も成功も、早く訪れるのです。

人を大切にして、人を幸せにできれば、やがてその人たちが、あなたの幸福や成功のお手伝いをしてくれるからです。これは、私のこれまでの人生で経験した、まぎれもない事実です。

ですから、もしもあなたがこの本を読んで、「これは役に立つな」と思うことがあったら、ぜひ実践して、うまくいったらそれを周りの人に教えてあげてほしいのです。また、読みながら「あ、これはあの人に教えたらいいかも」と考えてみるのもとてもよいと思います。

運はきっと、そんなあなたを守って、力を貸してくれることでしょう。

中島　薫

二〇一六年六月

はじめに

突然ですが、あなたは自分を「運に愛されている」と思いますか？

いままでのあなたの人生を振り返って、考えてみましょう。「どちらかと言うとラッキーなほうだと思う」「どっちでもないかな……」「ついてると思うこともあるけど、ついてないなと思うこともたくさんあった」など、いろいろだと思いますが、ここで大切なのは、本当にラッキーかどうか、ついているかついていないかではありません。あなた自身が、「自分は運に愛されている」「ラッキーだ」「ついている」と思えるかどうか、ということなのです。

というのは、実は運には基本的に「よい」も「悪い」もないからなのです。あるのはただ、「運に愛されているかどうか」「運に守られているかどうか」で、そして「自分は運に愛されている」「運に守られている」という自覚を持って人生を送っているかどうか、ということです。

そういう私も、以前は、幸運と不運とがあると思っていましたし、不運を払ったり幸運を呼んだりする方法もあると思っていました。でも、「もしかして違うのかもしれない」と思い始めたのです。

私は人からよく「幸運だ」「ついている」と言われます。実際、自分でもそうだと思いながら生きてきました。私の周りでは、毎日、「そんなバカな」「映画やドラマの話では？」というような出来事がたくさん起こります。びっくりするほどラッキーだと思うことがあれば、最悪なハプニングもあります。ところが、それがそのままで終わらず、ラッキーがさらにラッキーを呼んだり、あるいは最悪なハプニングが、実はものすごいチャンスの始まりだったということが多いのです。そういった、私の理解を超える出来事ばかり起こるうちに、私は、運自体にはいいも悪いもなく、それはただこちらが勝手に判断しているだけのことなのではないか、と思うようになりました。

つまり、大事なのは、「運」そのものに愛され、守られ、味方になってもらうこと。そうすれば、人生は何があっても乗り切っていけるということなのです。私は、そのためのヒントをあなたにお贈りできればと思い、この本を書くことにしました。

とはいっても、私は運の研究家ではありませんし、占いができるわけでもありませんし、何か見えない不思議な力を持っているわけでもありません。ただ、そういった方々からはよく「エネルギーが強い」「オーラがものすごい」「運が強力だ」というようなことを言われることはあります。

私の友人に山本宏という男性がいますが、あるとき彼が親しくしている霊能力者の方に一度お会いしたことがありました。そのときも、その霊能力者の方からは、私のオーラの強さなどをおほめいただきました。そのあと、友人から、その方が「薫さんは運にとても愛されています」と言っていたということを聞かされました。

見えないものが見える力を持つ方からそう言われるということは、私は本当に運に愛されているのかもしれません。

とても嬉しくなった私は、こう考えました。

「もしも私がそんなふうに運に愛されているのなら、私のものの見方や考え方のくせのようなものをたくさんの人と共有すれば、運に愛される人がもっともっと増えるかもしれない。それは、みんなが豊かに幸福になるお手伝いになるのではないか。ある意味まったく普通の人間の私の、人生哲学や行動習慣をお伝えすることが誰かの役に立つのなら、こんなにすばらしいことはない」

そんなわけで、この本には、私が普段から習慣としている簡単な三七の行動を集めてみました。そして、それをさらに内容によって「変える」「捨てる」「始める」の三つのカテゴリに分けてあります。

この三つのカテゴリは、キーワードとしてもとても大事だと私がいつも思っていることですし、運に愛される自分になろうとするときに、「変化」と「進化」をもたらしてくれるものでもあるからです。

この三七の行動はどれも本当にシンプルですから、全部を取り入れていただいてもいいですし、気に入ったものだけを一つでも二つでもやってみていただいてもいいと思います。それによって、あなたの「運に愛され指数」がぐっと上がり、そしてご自分でも「運に愛されている」と感じるようになっていただければ、私は最高に幸せです。

「運に愛されている」と自分で言えるとき、あなたはどんな成功も幸福も、自分だけの力で手にしたのではないと気づいています。周りのものすべてに感謝の気持ちを持っています。運は、そんなあなたを愛するのです。

運に愛される人

目次

変える CHANGE

捨てる LET GO

始める　START

編集協力／株式会社ぷれす
編　集／佐藤理恵（サンマーク出版）

変える

CHANGE

まだ、そこにいますか？

それとも、先に進みますか？

選ぶのはあなたです。

難しいことは何一つありません。

いるべきではない場所で

足踏みしているような気がしたら、

それはサインです。

何かを変えるときの。

あるいは、あなた自身を変えるときの。

1

●変える

「変わりたい」と言うだけの人は、変われません

故郷の島根でヤマハのセールスマンをしていた時代から、世界歌謡祭でグランプリを受賞し上京して作曲家になり、そしていまの自分のビジネスまでを含めると、この何十年もの間、私はたぶんビジネスマンが平均的に出会う数の一〇〇倍、一〇〇〇倍、いやもしかすると一万倍もの、いろいろな方々と出会ってきたと思います。

その中で、なんと多くの方が「自分は変わりたい」と思っていることでしょうか。

これまでに出会った方、一緒に仕事をした方、友人知人も、実にたくさんの人が、「自分を変えたい」「変わりたいと思っています」というようなことを言っていました。

その人たちを見ていて、気がついたことが一つあります。

それは、「変わりたい」と言っているだけでは、変われないということ。

いまの自分よりももっとよくなりたいと思うことはもちろんすばらしいことで、どんどん変わってもらえばよいと思います。でも、私が見ているかぎりでは、「変わりたい」と言いながら、意外と「変わること」「変えること」をしていない人が多い。「変わりたい」と思っているのに、どこかで「変われない」と思いこんでいる。そんなふうに見えます。

「薫さん、私は自分のこういうところを変えたいと思っているんですが、なかなかうまくいきません」

こんな人には、私は、ちょっと厳しいようですがこう言います。

「変わりたいって言いながら、自分は変われないって本当は思っていませんか？ その『変われない』と思っている心のブレーキを外さないと、変われないですよ」

大切なのは、あなたが「変われるんだ」と心の底から気づくこと。そして、変わるために動き出すことです。そうすれば、運もきっとあと押しをしてくれます。

「変えたい」「変わりたい」と言っているだけのうちは変われません。本当に変わる決心がついた人は、考えたり迷ったりする前に行動に移しているのです。

髪の毛を切りたいなと思っているだけでは、髪の毛はそのままです。切ろうと思ったら美容室に予約の電話を入れて、切りに行く。何も難しいことではありませんね。それと同じことなのです。

変わるのは簡単です。それを止めているのは他でもない自分自身です。それも無理のないこと。何かを変えるというのは、勇気がいります。でも、そんなにたいそうな勇気はいりません。「ちょっとした勇気」でいいのです。しかし、この「ちょっとした勇気」がないために埋もれていってしまう人は、世の中にはとても多い。もったいないことです。

何かを変えたいと思ったら、思い続けて足が止まる前に、行動して、行動しながら変わっていくのがいちばんいいと思います。そうすれば運が助けてくれます。

以前、友人に教えてもらった、ラインホールド・ニーバーというアメリカの神学者の言葉で、次のようなものがあります。

神よ、
変えることのできるものについて、
それを変えるだけの勇気をわれらに与えたまえ。
変えることのできないものについては、
それを受けいれるだけの冷静さを与えたまえ。
そして、
変えることのできるものと、変えることのできないものとを、
識別する知恵を与えたまえ。
（大木英夫訳）

「変えるためのちょっとした勇気」を、あなたが持てますように。

2

●集中する

考える隙を自分に与えない人は成功しやすい

私は、集中力にはちょっとだけ自信があります。周りの人にもよく「薫さんの集中力はすごい」と言われます。

どうすごいのかというと、まず作業のスピードが速い。とりかかるのも速ければ、終わらせるのも速い。そして、ここがミソですが、傍目《はため》から見て必死になってやっているわけではなく、いつもとさほど変わらない感じで、「ちょっとやりますね」というふう。これも本当に集中しているからできるのです。

集中力がない、作業中に飽きたり注意力が散漫になったりするという人に、ここでは「中島薫流・集中力のつけ方」をお教えします。

まずは、やるべきことの優先順位をつけます。集中力でいちばん大事なのはこの優先順位。これを間違うと、大事な案件の前に集中力が尽きてしまい、さんざんな結果になります。

そして、時間設定、つまり締め切りを設ける。短時間でできるものはもちろん、何かのプロジェクトだったり事業計画のような大きいものだったら、よけいに日付や時間を切って集中するのです。いつでもいいやと思っていたら集中なんてできっこありませんし、やる気も起きません。大手外食チェーンのワタミ株式会社創業者の渡邉美樹氏の本で『夢に日付を！』という本がありましたが、まさにそういうことで、「いつまでにやる」と決めないとなかなか実現しないのです。

それから大事なことは、「すぐにやる」ということ。意外とこれはやっていない人が多いようですが、とにかくすぐに始めれば、エンジンもかかります。「すぐやる」というくせをつけると、びっくりするほど集中しやすくなります。だまされたと思ってやってみてください。要は、自分によけいなことを考える隙を与えないということです。

さらにもう一つ、「あわてない」というのが集中するときには大事です。当たり前のことですがこれもうっかりすると忘れてしまうのですね。あわてて動くときの失敗率の高さといったら、相当なものです。過去にあわてたためにたくさん痛い失敗をした私が言うのですから間違いありません。「急がなければ」と自分に言い聞かせるのはよいのですが、焦ったりあわてては絶対にだめです。あわてず、でもすぐにとりかかり、速くやる。これです。

何かで「宇宙はスピードが大好き」ということを読んだことがあります。神様もそうらしいのです。もちろん、運も同様です。すぐにとりかかり、すぐにきちんと終わらせる人が好かれるのは、いつでもどこでも同じでしょう。

集中してあたった結果は、たぶんだいたいがよい結果だと思います。ただ、私は、その集中したことによってもたらされるよい結果ももちろん大事ですが、それよりも、自分に「集中するくせ」というものがつけば、それが何よりの財産になるのではないかと思います。

結果をどこかで意識しながらの集中では、プレッシャーがかかったり、雑念が入る可能性もあります。しかし、結果を気にせず集中できるようになると、時として自分の能力の限界をほんの少し超えられることがあります。そうやって少しずつ自分の枠を広げるチャンスもあるので、ぜひ「集中するくせ」というものをつけていただければと思います。

3

●磨く

自分の可能性を信じる人だけが、自分を磨くことができる

「磨く」と聞いて、あなたは何を思い浮かべますか？

靴だったり、グラスだったり、何か「もの」を思い浮かべた人も多いのではないかと思います。もしくは、それすらもとくに思い浮かばず、「磨く？　磨くって？」と不思議に思ったかもしれません。

しかし、もしもそれが「人を磨く」、さらに「自分を磨く」ことだと思った人は、すばらしい未来を手にする人です。なぜかというと、自分自身とその可能性とを信じていて、普段からもっと自分を磨きたいと思っている人しか、この「磨く」とい

うところにひっかからないからです。そして、そういう人はどちらかと言うと少ないと思います。

自分を磨くのは難しい。というのは、ものを磨くときはたいていその表面を磨くことになりますが、人間の場合は、外側も内側も、つまり見た目だけではなく性格やものの考え方、行動、生き方などすべてを磨いていかなければならないからです。それをわざわざしようというのは、私に言わせればとても志の高いこと。それは、自分を磨いていくうちに、自分の中に眠るいくつもの新しい可能性と出会う旅に出ることだからです。

「自分はもっとできるんじゃないのかな」

こう感じた人がこの旅のパスポートを手に入れたことになります。

私はいまでも「もっと自分を磨きたい」と思っていますが、若いときはもっともっとその気持ちが強かったのを覚えています。

田舎のセールスマンだったせいもあり、私はとにかく「平凡」がいやでした。とくにものすごくお金に不自由していたとか、仕事に不満があったというわけではないのですが、「そこそこ」で満足するつもりはなかったので、「こういう人になりたい」と思う人をマークしたり、逆に「こうはなりたくない」という人とは同じことをしないようにしていました。

自分を磨く際に、人をマークするのは有効かつ重要です。本を読んだり映画を観たり、スポーツをしたり、いろいろな方法で自分を磨くことはできますが、やはり人は人によっていちばん磨かれるからです。

普段の生活の中にも、自分を磨く術《すべ》はたくさんあります。

たとえば、意外だと思うかもしれませんが、「いやだな」と思う人に接しているときや、「いやだな」と思うことをさばいているときに、実はけっこう自分が磨かれているからです。

会社員の方なら、勤務先の困った上司や部下、あるいはちょっとめんどうな取引先を思い出してください。彼らはあなたを磨くために神様が送り込んだありがたい役目の人たちだと考えれば、多少は我慢もできるのではないかと思います。

それに、何か自分のやりたくないことをやれと言われて、そのいやなことをものともせずにやり遂げる能力を身につけたら、それはそのあとの人生のいろいろな場面で絶対に生きてくると思います。

やわらかい布で磨き上げる最後の仕上げの前に、時にはヤスリやサンドペーパーで多少荒々しく磨くときもありますね。それと同じで、自分を磨こうと思う人には、磨くための道具がいろいろな形で用意されているのです。それらをうまく使って、美しく輝く自分に仕上げていってはいかがでしょうか。

4

直す

うまくいっていないことには、「努力」よりも「対策」を

これを読んでいるあなたは、人生はうまくいっているでしょうか？

仕事も収入も、人間関係も恋愛も、自分の才能や生き方も、すべて満足がいって、「これ以上とくに何も手を加える必要はありません」と思っている方は、もうこの項目は飛ばして次に行ってください。でも、一つでも二つでも、自分に関して何か「ここは変えたい」「これをもう少しどうにかしたい」と思うことがあるのなら、いま、このときが「それを修正するタイミング」です。

多くの人は、自分でわかっているのに直せない、よくないくせや行動、考え方な

少しの「ちょっとした何か」を持っています。そして、それはたいてい、ほんの少し工夫をするだけで問題解決するのに、やっていない人が多いのです。

服のボタンが取れたら、つけ直しますよね？　出先なのですぐには無理なときでも、家に帰ったらつけ直すでしょう。「ボタンが取れているな」と思いながら一年も二年も放っておく人はあまりいないと思います。

あるいは仕事で、パソコンの調子が悪かったら、詳しい人に聞いてみたり、それでもだめなら修理に出したりしますよね？　仕事に支障が出るのに、それをそのままにしておく人もあまりいないと思います。

それと同じで、自分に関して何か不具合が見つかったら、また、これではだめだと思ったら、それを直す必要があるのです。だめなものをだめなままにしておくわけにはいきません。

そんなに難しいことではありません。たいていは自分でなんとかできる範囲のことですから、あなたにもすぐにできます。これが「収入に不満があるので年収を倍にしたい」とか「美人で性格のいい彼女が欲しい」ということだと、それは自分一人の問題ではないので大変だとは思いますが。

要は、「対策を立てましょう」ということなのです。「努力」などという大変なことではなく、失敗を防ぐための対策、うまくいくための作戦を考えるのです。

悩んでいる人ほど、実は悩むばかりで何もしていないことが多いし、あるいは見当違いの動きをしていることが多いと私は思います。悩むヒマがあったら、問題を解決するための対策や作戦を考えるのです。「いままでいろいろ悩んでいたけど、そう言われてみれば自分には対策がなかったかも」と気がつく人も意外といたのではないでしょうか。

たとえば、朝が苦手で、なかなか起きられず、会社に遅刻しそうになることがよくあるという人。「目覚まし時計はかけているんだけど」と言いながら、「鳴ると止めちゃって」と続きませんか。それなら目覚ましをもう一つ増やすとか、誰かにモーニングコールを頼むとか、なるべく夜更かしはせずに少しでも早く寝るようにするとか、目覚めがよくなるサプリメントをとるとか、あるいはベッドの位置を窓際に変えてカーテンを開けて寝るという作戦もあります。考えればいくらでも出てくるでしょう。同じような問題を解決した人に、どうやってうまくいったかを聞くのも参考になると思います。このくらいの工夫もせずに「わかってるんですけどできないんです」と言うような人は、運に見放されても文句は言えません。

そういう私も朝はあまり得意ではないので、目覚ましを二つ、しかもスヌーズ機能がついたものを使っています。これだとアラームが一定時間繰り返し鳴るので、絶対に起きます。私の場合はスケジュールによって毎日起きる時間が違いますし、海外にいることも多いので時差も影響します。それでもなんとか起きられるのは、「自分が寝坊して遅刻したら、たくさんの人に迷惑がかかる!」と思うと、恐ろしくて寝坊などできないからです。こういう緊張感があると、寝坊も減ると思います。「これはまずいな」と思うことがあるときに、すぐに何か対策を立てられるようになると、人生はしめたものです。努力というより対策なのです。

5 謝ることは「負けて勝つ」こと

謝るというのは、ものすごく勇気のいることではないかと思います。「自分が悪かった」と認めること、そして相手のゆるしを乞うことですから、これがきちんとできる人というのは本当にかっこいいと思います。

謝るようなことをしなければいちばんいいと思うかもしれませんが、そうではありません。というのは、「謝るようなことをしない」ということがいちばんにくると、大事なことを見失います。つまり、失敗しないように生きているのでは、成功はできないということなのです。自分が悪いと思ったら、いつでも正直に誠実に心をこめて謝る準備ができている人が最高です。

謝ること、つまり謝罪が必要なことをしてしまうのはマイナスだと思う人もいるでしょう。確かにその出来事自体はマイナスかもしれません。そのままほうっておいたら、ですが。これをすばやく誠実に対処すれば、マイナスをいっきに挽回《ばんかい》し、ゼロに、それどころかプラスにもできます。企業のクレーム対応の仕方がすばらしいために、逆に怒っていたお客さんがその企業の大ファンになるというのはよくある話です。私も以前、そういったことがありました。

ホテルのレストランで食事をして、お金を払ってお店を出て、エレベーターに乗ろうとしたところでお店の方が走って追いかけてこられて、「お客様、申し訳ございません。ご注文いただいた茶碗蒸《ちゃわんむ》しを、一つなのに二つぶん伝票につけていて、お代を多くいただいてしまいました。こちらがそのお金です。今後はこのようなことのないよう気をつけますので、またぜひお越しくださいませ」と、息を切らしながら言うのです。びっくりを通り越して感動してしまい、それ以来そこは私のお気に入りのお店の一つになりました。

逆に、謝り方がまずいと泥沼になります。テレビで企業や芸能人の謝罪会見を見ることがありますが、たまに「悪いと思っていないけれど、とりあえず謝っておこう」という感じだけの謝罪があります。これでは謝ったことが裏目に出ます。こういうのはよくない見本です。

謝るのは勇気がいりますし、タイミングも難しいけれど、これができる人は、そのぶんのミスも取り返せる人です。ですから私は、自分の社員のミスは、それが一生懸命やった結果なら責めませんし、そのことできちんと謝れば逆に評価するくらいです。

そういえば、この間、仕事で知り合ったある人が、打合せの何日かあとに、「薫さん、申し訳ありません。あのときはついこう言ってしまいましたが、私はそれに関して嘘《うそ》をつきました。実はこうなのです。ゆるしてください。早くおわびしなければと、あれからずっと気になっていたんです」と謝ってきたのです。

私は「この人はすごい！」と思いました。黙っていたらそのままですんだのに、わざわざ「あれは嘘でした」と正直に告白して謝るなんて、私は逆に、彼に対して信頼感が増したくらいです。

人間は誰でも、自分を少し大きく見せたいときがあります。あなたもそうではないでしょうか？　そのことを反省し、謝罪することができるなんて、すごいと思いませんか？　運は、こういう人に味方をするのです。

謝るということを恐れすぎず、禍《わざわ》いを転じて福とできるように対処することをおすすめします。

6 「認められない人」に進化はない

いま自分に起きている出来事がなんであれ、それを事実として認められないと、大変なことになります。よいことであれ悪いことであれ、「自分の目の前ではいまこういうことが起きている」ときちんと認識し、それを受け入れることができてこそ、運はあなたの進化のために手助けをしてくれます。

この「認める」ということの中で、いちばん難しく、だからこそいちばん大切なのが、「他人を認める」ことです。ところが、これがうまくできない人が多く、その結果、「ジェラシー」というやっかいなものに振り回されることになるのです。

ジェラシー、つまり妬みや嫉《そね》みは、私に言わせれば人間のエネルギーの中でいちばんいらない毒素のようなものです。しかもジェラシーは引きずるものなので、悲しみや怒りよりもある意味やっかいです。悲しみや怒りはある程度時が解決してくれる部分がありますが、ジェラシーは永遠です。ですから、ジェラシーをなくす、あるいはなるべく少なくする努力はとても大事なのです。

「同じような仕事をしているのに、なぜいつも同僚のあいつだけが上司にほめられるんだろう」「私もあの子も、見た目はそんなに変わらないのに、なぜいつもあの子のほうがもてるんだろう」、そんなふうに思ったことがある人もいると思います。

先日、たまたま友人とこのジェラシーについての話になったとき、その友人も同じようなことを言っていました。彼もいまでこそ独立起業して自分のビジネスで成功していますが、会社員だった頃、自分よりも明らかに成績がよくない同僚が先に出世したときには、不公平だと思い、上司やその同僚に腹が立ったそうです。しかし、別の仕事についたときに、自分が間違っていたことに気がついたそうです。

それは何かというと、自分は他の人のことを認めていなかったのだ、ということでした。

誰かがうまくいっていたり、成功したりするのは、やはりなんらかの理由があります。その人と自分との間には、ものすごく小さいかもしれませんが、しかしはっきりとした違いがあるのです。それが明暗を分けているのです。

そして、その違いはおうおうにして、「本当に同じことを同じようにやっていた」のではなく、「向こうがこちらよりも実はたくさんのことをやっていた」、あるいは「向こうがすべてきちんとやっていたことを、実はこちらは一つか二つやっていなかった」という差で表れるのです。

「なぜあの人が認められるのか？」と思ったときには、すぐに自分に「では、自分は何をやったのか？」と問いかけてみましょう。そうすると、本当にほんの少しのことなのですが、「自分がやっていなかったために、それをやったあの人が認められた」という事実に気がつくはずです。

外に原因を探すのではなく、自分の中に原因があると思って探さないと、一生見つからないでしょう。

向こうと同じ土俵に上がっていなければいけないのに、自分がいまそこにいないというときには、まずは自分を顧みて反省する。相手に注意がいっていては、いつまでたってもその土俵には上がれません。

ジェラシーをなくしましょう。素直な気持ちで他人を認め、祝福し、賞賛することです。「いいものはいい」と単純に認められるようになったときに、私たちは同時に自分自身のことも認めてあげられるのです。

誰かを、何かを妬んだ時点で、自分の進化は止まります。他人を気にしすぎて自分の成長が止まっていては、本当にもったいない。他の人が自分よりも上だと思うことがあれば、それは実はものすごいチャンスなのです。なぜかというと、あなたがそれに追いつき追い抜こうと成長し、いまよりもさらに伸びることができるかもしれないからです。

7

ゆるす

他人をゆるすことは自分をゆるすこと

あなたには「ゆるせない人」や「ゆるせない出来事」というのはありますか？

もしも何かそういうものがあるときは、できるだけ早く、そのことをゆるし、終わらせてください。私からのお願いです。

あなたが心の底から「もうこれは私にとって終わりました。ゆるして、おかえしします」と思えないと、その「ゆるせない」といういやな気持ちはこれからもずっと続いていきます。それはよくない。何がよくないのかというと、あなたのためにいちばんよくないのです。

ゆるさないと、その負のエネルギーがやがてあなた自身にふりかかり、あなたが「ゆるせない」と思っている人や出来事にではなく、あなたに影響が出ます。自分で自分に呪いをかけているようなものなのです。ですから、どうか一刻も早く、そのことをゆるしてください。

世の中には、基本的には、そんなふうに自分の感情をいつまでも負のままにさせておくような出来事は実はほとんどありません。そして、早くゆるしたほうが、その後のよい展開につながるものなのです。もちろん、たとえば凶悪犯による極悪非道な事件であったら、その被害者や関係者の方に「早くゆるしたほうがいいと思います」というようなことは言えません。それはまた別の話です。私が言っているのは、誰かに何かいやなことをされたり言われたり、傷つけられたりといった、自分の人間関係の範囲内での話です。

これは実際に私の知り合いにあった話なのですが、ある女性が、職場であまり仲のよくない同性の同僚にひどい悪口を言いふらされたことがありました。それはもう、根も葉もない話で、嘘だらけだったのですが、彼女はものすごく腹を立てていて、「どう思いますか薫さん!? ひどいですよね!?」と電話口で怒り心頭に発していました。

そんな彼女に私はこう言いました。「いいんじゃない? 言わせておけば」。

彼女はびっくりして黙っていました。

「どうせそんなの、事実じゃないんだし、だったらそれが広がってもあなたはどうということもないでしょう。堂々としているべきです。それに、普段のあなたを知っている人は、誰も信じないと思うし。そうしたらそんなくだらない悪口を言っているその人のほうがそのうち不利になり、ばちがあたるから。相手のレベルの低さに合わせてこちらが対応したら負けでしょう。自分に非がないのなら、堂々として、『ゆるしてやるか』くらいの余裕を見せること」

事実、彼女が相手にせずにいたら、向こうも悪口を言うのをやめたようです。

ところで、なぜ「ゆるせない」と思うのでしょうか。これがわかると、ゆるせないことというのがぐっと減ります。

それは、あなたが「ゆるせない」と思った他人の性格や出来事というものは、あなた自身が大なり小なり持っている部分だからです。そこに反応したのです。

「あの人の失礼なところがゆるせない」と思うなら、自分にも同じような失礼な部分があるのです。ただ、自分はそれに気づいていて、失礼のないように気を使っている。そして、私が気を使っているのにあの人は気を使っていないから腹が立つのです。出来事に対しても同じです。

ということは、「ゆるせない」と何かについて思うことは、それに反応する部分を持つ自分をもゆるせないことになります。一生そんなことをしていては、気づかずに自分を責めてばかりの人生になります。

他人をゆるすことは、自分をゆるすこと。ゆるせない出来事が起こったときは、自分の中の同質の部分に気がつくための学びであり、自分がさらに成長するときなのです。ゆるして、終わらせ、手放しましょう。

8

●疑う

他人のことだけではなく、自分のことも疑ってみる

こんなことを書くと「えっ」と言われそうですが、実は私はけっこう疑い深いところもある、慎重な性格だと自分で思っています。とはいっても、二四時間三六五日、いつもいつも疑い深いというわけではありません。それどころか、普段はまるっきりその逆で、おおざっぱだし、周りの人の言うことはたいていすぐに信じてしまいます。

この「周りの人」というのがポイントで、それはイコール「家族・友人・仕事でいつもおつきあいのある人」などの、こちらが相手のことをよく知っている人とい

うことです。言い換えれば、自分がよく知らない人の言うことは、疑ってみることがある、ということです。

この場合の「疑う」も、何もその人の言うことを一から一〇まで何もかも否定したり拒絶したり反対したりするということではなく、聞いた話をそのまま受け入れる前に、いったん自分の中でチェックするということです。

こう言うと、たまに「薫さん、それは用心深すぎるというか、ちょっと考えすぎじゃないですか」というようなことを言われることもあります。

私は別に「人を見たら泥棒と思え」とまでは言いませんが、たまには泥棒もいるというのは明らかな事実ですから、そこを注意したほうがいいと言っているのです。とくに日本人は、やさしいというか、のんびりしている人が外国の人と比べて多いような気がします。だから「振り込め詐欺」などというものが出たりするのだと思います。

そういう私も、田舎でサラリーマンをしていた若いときには、けっこう簡単になんでもかんでも信用して、あとで痛い目にあったこともたくさんありました。何かを決める前には、もう少し自分の頭できちんと考えてから決めるべきだった、といまとなっては思います。

でも、そんな失敗をしてきたからでしょうか、いまの私には頭の中に警報器が備わっています。話を聞いていて、「ん？　これはおかしいかも」「この話はちょっとうさんくさいな」「この人はいいことをいっぱい言うけれど、何か不自然」という感じがすーっとするときがあります。それは私の頭の中の警報器が鳴っているのです。そんなときは、その場で判断したり決めたりせず、いったん持ち帰って周りの人に意見を求めたり、自分で調べたりします。

ところで私のこの警報器は、悪いものだけではなく、よいものにも反応します。よくあるのは、自分の才能や可能性に、自分で気がついていない人と話しているときに鳴るパターンです。

自分のことを本質よりもかなり低く見積もっている人が世の中にはとても多い、

というのは、私がいつも思うことです。「自分はだめだ」「自分にはできない」と思っている人に私が言いたいのは、「あなたは、自分で自分のことをそんなふうに勝手に決めつけていますが、それをちょっと一度、疑ってみたらどうですか」ということです。やってみてできないのならまだしも、やる前にできないと思っているなら、それはただの錯覚なのです。

他人のことをたまに疑うのと同様に、自分のことも、自分で疑ってみることも大切です。あなたは実はもっともっと、できる人なのかもしれないのですから。

9

●表現する

「アピール」していますか？

あなたは普段、自分が他人からどういうふうに見られているか、意識したことがありますか？

ヘアスタイルや服装などの、見た目の問題だけではありません。話をするときの話題の選び方、どんな趣味や嗜好《しこう》を持っているか、仕事に対する考え方や取り組み方、周りの人への接し方など、つまり、あなたという一人の人間が、他人にはどう映っているのか、そして、それは自分が「こういうふうに映ってほしい」と思っているものと誤差はないのか、ということです。

「他人は私のこういうところを見ているだろう」と思っている部分と、他人が実際にあなたを見ている部分とでは、違うことがけっこうありますし、「こんなところは見ていないだろう」と思う部分を、他人は意外とよく見ていたりするものです。「自分はこういう人間です」「こういうふうに理解してほしいと思っています」ということを、私たちはもっと出していかなければなりません。自分はどういう人間で、何が好きで、あるいは何が嫌いで、何を求めていて、何を求めていないか。それをはっきりと周りにアピールしていくことで、欲しいものが手に入りやすくなり、欲しくないものが寄ってきにくくなるのです。

簡単なことなのですが、この簡単なこともあまりせずに、それでいて「他人は私をわかってくれない」というようなことを言う人をよく見かけます。

謙遜や謙譲が美徳とされる文化があるせいか、日本人は海外の人に比べてとくにこの「アピールする」ということが下手です。自分のことを大げさに言ったり、できもしないことをできますと言ったりするのは問題ですが、自分の趣味や興味を持っていることを周りにアピールすることはとても大事なことなのです。それに、周りの人に、あなたという人間の情報を共有してもらうこともまた大事なのです。

たとえば、普段から「イーグルスが好きなんです」と周りに知らせておけば、「一緒に行きませんか」と誘われるかもしれませんし、「今度コンサートで来ますよ」と教えてもらえるかもしれません。また、誰かがたまたまコンサートの主催者と仲がよくて、ものすごくいい席のチケットが手に入る可能性だってあるでしょう。

アピールするということは、運を呼び込む秘訣《ひけつ》の一つなのです。

私は去年、モナコ王子の友人に誘われて彼のプライベートジェットでみなで一緒にF1のアブダビGPの観戦に行くことになっていました。ところが、急にものすごく重要な仕事が入り、泣く泣くそのご招待をキャンセルしなければならなくなりました。代わりに誰かに行ってもらうことになったのですが、そのときに私が白羽の矢を立てたのが仲よしの美香でした。

私の名代《みょうだい》としてモナコ王子と一緒に行き、現地では超VIPと一緒に過ごすことが多くなるわけですから、誰でもいいわけではありません。F1が好きなのはもちろんですが、英語ができて、そういう華やかな場でももの怖《お》じしない度胸と経験があって、しかもある程度豊かなライフスタイルの人でないと、会話の内容にもついていけません。それで、普段の会話の内容や、私にアピールしている事柄などを考慮して、美香を抜擢《ばってき》したのです。

結果的にこの人選は大正解で、美香はF1運営組織のCEOであるバーニー・エクルストンや中東諸国の国王クラスと堂々と渡り合い、なんと石油関係の合同ビジネスの話が出たほどだったそうです。

後日、「私も実はF1は好きで詳しい」「実はアラビア語がしゃべれたのできっと商談がはずんだかも」「アブダビでビジネスを考えていたので、自分が行きたかった」というような人がごまんと出てきましたが、彼らは普段から私にそういうアピールはしていなかったので、残念ながら今回は落選だったのです。

どうですか、あなたももっとアピールしたくなりませんか？

10

●受け入れる

ものごとを「あるがまま」に見る練習をする

私は、自分の直感というものにある程度の自信を持っています。これまでにも、直感のおかげで助かったことや、あるいは大きなチャンスを手にしたこともあります。搭乗直前に乗る便を変更したら、そのとたんに乗るはずだった便にトラブルが出て出発まで何時間もかかったとか、前日に宿泊するホテルを変更したら、新しいホテルの隣の部屋にずっと会いたかったデザイナーが泊まっていて、仕事をお願いすることができたとか。こんな話はいくらでもあります。

でも、私がいつも直感で生きているというわけではなく、むしろその逆です。

自分の直感がけっこう鋭いということがわかっていた私は、だからこそ、仕事ではとにかく「ものごとをいったんあるがままに見て、自分の中に受け入れてから判断する」ということに気をつけてきました。自分の直感を過信するとしっぺ返しがくると知っていたからです。ですから、何かを判断するときには、最初や途中で決めつけたり変なバイアスをかけたりせずに、最後まで見たり聞いたりしてから判断する、このことにとにかく注意をしていたのです。

いまのビジネスを始めるときも、この「いったん受け入れる」ということがとても役に立ちました。いえ、役に立ったどころか、それがあるからいまの私があると言っても過言ではありません。

遠い昔、友人からこのビジネスの話を聞き、詳しい説明会があるからと出かけていった先の会場で、絶句したのを私はいまでも覚えています。広いホールの中の聴衆はほとんどが女性。見渡しても男性は私くらいです。これはしまった、間違った、自分がやる仕事ではなかったのだ、いますぐ帰ろう……そう思って出て行こうとしたときに、私は自分に問いかけました。

「待てよ。これは決めつけじゃないのか。まずは話を聞くだけ聞いてから判断するべきではないのか。それに、断るにしても、断る理由をそれなりにつくるためには、とりあえず最後まで聞かないとだめだろう」

そう思って、最後まで話を聞きました。すると、聞いてびっくり、私が最初に勝手に思っていたものとはまったく違った、大きな可能性を持ったビジネスだということがわかったのです。

あれはまさしく、決めつけずに、いったん受け入れてから判断した私に、運が味方をしてくれた瞬間だったといまでも思っています。

服を買うときに試着をしないとわからないのと同じことです。第一印象だけでよしあしを決めても、実際に着てみないと似合う・似合わないまではわかりませんし、サイズの問題もあります。たまに「試着してしまったら買わないといけないから、試着するのは気が進まない」といったことを言う人に会いますが、それは逆です。

試着しないと断れないのです。試着して買いたくないと思ったら、店員がいくら「お客様、お似合いです」とほめまくろうが、「思ったより似合わない」「色が顔に合わない」「太って見える」「長さがちょっと」など、いくらでも断る理由はつくれます。それを、試着しないで「似合わないと思う」とか「サイズが合わないと思う」と言っていても、着てもみないでなぜわかる、という感じです。

とにかく、ものごとはあるがままに見て、いったん受け入れる。受け入れないと、結局チャンスも逃すことになるのです。

ラッピングされた箱が一〇個あったとして、中身が何かは、開けてみないとわからないはず。それを、開ける前に箱の大きさや形、包装紙やリボンの色などで勝手に推測して、「この中身はきっといい」「この中身は悪い」と見当違いな判断で選んだために、もらえるはずのすばらしいプレゼントを捨ててしまうのと同じことです。とりあえず一〇個全部もらい、全部開けてから判断すればいいだけの話なのに。

自分の直感や中途半端な判断力を信じすぎないように。判断は最後です。

11

遊ぶ

みなさん、遊んでいますか?

仕事で海外の方と接することの多い私は、日本人というのは一部の方を除いて、就職してしばらくすると、どんどん遊ばなくなるように思います。確かに学生の頃に比べれば、遊ぶ時間はかぎられてくるでしょう。でも、自分で何か遊ぼう、楽しもう、仕事とはまた別の時間を持とうと思ってさえいれば、なんとでもなると思います。いま働いている人で、学生のときにやっていたことを続けている人はどのくらいいるでしょうか。あまり多くないとしたら残念です。

私がこんなに遊びをおすすめするのは、単純に遊んでいると面白いし楽しいし、そして自分の心と体のために絶対にいいからです。普段仕事で忙しい人ほどたまに遊ぶとリフレッシュされて、また仕事もはかどります。仕事があっての遊びだし、遊びがあっての仕事です。メリハリとバランスですね。

遊んだり楽しんだりすることが上手な人というのは、基本的に人に好かれるタイプの人だと思います。仕事以外の情報をたくさん持っているということは、他の人から面白がられたり、興味を持たれたり、頼りにされたり、貴重だと思ってもらえたりします。仕事はまったくできないのに遊びの情報は多いというのではちょっと困りますが、仕事もきちんとやったうえで、ユニークな遊びの情報や経験を豊富に持っている人というのは、人に好かれて気に入られやすいので、仕事もうまくいくことが多いのです。『釣りバカ日誌』の主人公ハマちゃんを思い浮かべるとわかりやすいですね。どちらかというとだめ社員のハマちゃんが、「釣り」という趣味のおかげで社長であるスーさんと仲よくなり、自分の弟子にして、一緒に釣りに行っては珍騒動を巻き起こすという、映画もたくさんつくられている人気漫画です。

『釣りバカ日誌』は漫画の世界ですが、たとえば大学の入試でも、ＡＯ入試・自己推薦入試などそれぞれ学校により名称はさまざまですが、いわゆる「一芸入試」、学力とは関係なしに受験する本人が申告する特技を根拠に設定された入学枠を設けている大学が増えてきています。私の知り合いで、入社試験の面接で趣味を聞かれて「バスケットボールです。とくにＮＢＡが大好きです」と答えたために、バスケットボールとＮＢＡが死ぬほど好きなその会社の社長に気に入られて入社が決まった男性がいますし、彼の知り合いでも、出版社の面接時に、彼が大学時代にヨットをやっていたことを知った社長が、ちょうど次の仕事がヨットに乗っての取材のために人材を集めていたこともあり、その場で内定が出たという人がいます。もちろん、この二人は仕事もよくできる人たちではあるのですが。

遊びは、周りの人にも喜びをもたらすもの。しっかり働きしっかり遊び、「楽しい！」というエネルギーを発散している人、単なる「遊び」の枠を越えて、パーソナリティに深みやプラスアルファが加わるような楽しみ方をしている人の周りには自然と人が集まりますから、きっと運も寄ってくるのだと私は思います。そういえば、私はよく、楽しく遊んでいるときに思わぬチャンスをつかむことがあります。同じホテルに有名企業の社長が泊まっていて、プールサイドで出会って会話が盛り上がり、一緒に仕事をすることになったり、レストランで食事をしていたら隣のテーブルに私が大ファンだったアーティストがやってきて、挨拶をして話をしているうちに、私の会社のイベントに出演してもらうことになったり……。

実は私はいままた、大きな「遊び」の計画中です。七月に、仲よしの友人たち二五〇人以上と、全室バスタブ付きオールスイートが魅力の「シルバー・ウインド」という豪華客船を借り切って、一週間の地中海クルーズに行く予定です。モナコから始まってアマルフィ、サルデニアなどを訪れ、寄港地のフィレンツェではウフィツィ美術館を借り切ってパーティです。こんなふうに、好きな仕事で楽しく働き、そして楽しく遊べる仲間と時間と自由を持っているというのは最高です。

次は何が起こるだろうかと楽しみにしながら、私はいつも遊び、働いています。

12

●気づく

「気づき」は好奇心が連れてくる

細かいところによく気がつく人、「気が利くね」とよく言われる人、とくに目配りをしているわけでもないようなのに、いろいろなことを見つけたり気づいたりする人。あなたの周りにも一人や二人はいるのではないでしょうか。

こういう人は、運にも愛されると思います。周りに対して好奇心が旺盛ですし、観察力もあり、注意力もあるので、どんな小さな出来事にも「あれ？　待てよ？」と立ち止まり、考えます。そして「これはこういうことだったのか」とそこから学ぶからです。

この「気づく力」がある人は、自分で自然に、さまざまなことに気づきます。ですから、ものごとを吸収しやすく、成長もしやすいのです。

こう書くと、「私も気づく力が欲しいと思っています。どうやったらそれは手に入るんですか」と思う人もいるでしょう。実際、私は意外とよく気がつくほうなので、友人や知人から「どうやったら薫さんみたいにいろいろなことに気がつくようになりますか」と聞かれることがよくあります。

そんなときに私が言うのが、「とにかく、なんにでも興味を持ち、相手が喜ぶことを考えなさい」ということです。

興味や好奇心がなく、周りのことに無関心で無頓着な人には気づきはありません。人生はたくさんのチャンスやヒントや学びであふれていますが、こういった人はそれがまったくわからず、目に入らない気の毒な方です。

これは私の勝手な意見ですが、仕事があまりできない人というのは、才能や技術や経験などによってではなく、単に好奇心がたりなく、仕事に対して無関心になっているからだと思います。

自分がいま何をやっているのか、なんのためにやっているのか、これをやることによってどんな結果になるのかに興味がなければ、おざなりな仕事になります。また、一緒に仕事をする相手に関心がなければ、相手だってあなたに無関心になります。自分の無関心が返ってきます。相手に興味を持ち、相手がどうしたら喜ぶかを考えない仕事は、いい結果にはつながらないのです。

周りに無関心な人は、周りもあなたに対して無関心です。すると情報も入ってこないし、人も集まってこないし、何かあったときに便宜を図ってもらえるということもありません。気づかない人は、気づくチャンスすら与えられないのです。

これに対して、気づく力のある人は、つねに「気づく準備」が整っていますから、ふとしたことでいろいろなことに気づきます。時には、相手が自分でも気がつかなかったことに気がついて、その人の成長の手助けをすることにもなります。すると、自分もまたそこで成長するのです。

他人のことを根掘り葉掘り聞けというわけではありませんが、差し障りのない範囲で、周りにいる人に関する情報はいつも集めておいたほうが絶対にいいのです。そのためには、好奇心と興味を持ち、質問をよくするようにすること。人の話をぼんやり聞いていたのでは質問はできませんから、誰かと話をするときには、「このあと質問を三つしよう」などと決めておいて、好奇心のアンテナにひっかかったことをどんどん質問していきましょう。

私の経験上、質問をするくせのある人は成功する人が多い。人生では、そして仕事ではとくに「人を知る」ということはものすごく重要ですし、相手に「あなたに興味を持っています」とアピールすることは大切なことです。それが「自分を知る」ということでもあるのです。

自分の持つ「気づく力」を大きく伸ばすためにも、好奇心と興味を持つことをいつも忘れないようにすることです。

13

●真似《まね》る

「真似」は人間にしかできないセンスの結晶

仕事を始めたばかりの人に、私はよく「真似をしなさい」と言います。「この人はすごい」と思う人、「こうなりたい」と思う人の、一挙手一投足をよく観察し、真似をして、できればいろいろと話を聞いて、教えてもらって、とにかく真似をしなさいということを言います。そうするとたまに、「人の真似をするのは気が進みません」というようなことを言う人がいます。「私は自分のオリジナルで勝負をしたいんです」と。

それはそれでもちろんかまいません。できるのでしたら。でも、その道何十年のベテランの方だとしても、すべての仕事が一〇〇%自分のオリジナルしかない、という人はたぶんいないのではないかと思います。もとになるもの、土台というような、何か自分のアイデアがインスパイアされるきっかけとなったものが多く存在しているはずです。

どこで目にしたか忘れましたが、万有引力の法則で有名なアイザック・ニュートンの言葉にも「もし私はより遠くを眺めることができたとしたら、それは巨人の肩に乗ったからだ」というようなものがありました。ニュートンでさえ謙虚に、「巨人の肩に乗ったから」と言っているのです。

それに、自分が何もないところからスタートするのであれば、まずはお手本がいるでしょう。習い事なら、先生の言うとおり、やるとおりに真似をしてレッスンをしますし、仕事で成功したければ、その仕事で成功している人のやり方を勉強して、真似て、やってみるのが近道なのは言うまでもないことです。基礎ができるまでは、真似する以外はありえません。基礎ができたら、あとは自分の形を追求していけばいいのであって、それまでは真似して学ぶのです。

もともと、「学ぶ」という言葉は「まねぶ」、つまり「真似をする」という言葉から来ている、という話を聞いたことがありますが、納得です。ですから、真似をすることは正しいことなのです。

ただし、これが「パクる」となると話は別です。たぶんこの「パクる」と「真似る」の境界があいまいになっているから、真似るのが気が進まないという人が出てくるのだと思います。しかし、この二つはまったくの別ものです。

「真似る」には、努力がつきものです。お手本を参考に、自分で基礎をつくっていく。一方「パクる」は、自分では努力せず、どこかからすでにあるものを持ってきて、そこに自分なりの工夫や付加価値というものをほとんどつけずに、ただ自分のものにすることとです。オリジナルよりもいいものになっていないどころか、オリジナルよりも粗悪なものになっている場合が多い、これが「パクる」です。こういうことをやっている人をたまに見かけますが、そんなことをしたら運がどんどん逃げていきます。恐ろしくて、私にはとてもできません。

そういえば、あるときいつもいろいろな情報を教えてくれる友人の山内リエ子が、この間また一つ面白い話を教えてくれました。前にテレビでやっていたそうなのですが、「真似」に関する人間とチンパンジーの話です。人間は「真似る」という行動の要素を、もともと本能的に持っているそうです。そうしたほうが何事も発達・上達が早いということがわかっているのですね。一方、チンパンジーは、人の真似をするように見える行動をたくさん取りますが、実はそれは、単にそのときそのとき、自分が興味を持ったものに対して同じ動きをしているだけなのだそうです。「真似る」というセンスは、人間だけが持つすばらしいセンスなのですね。

ですから、どんどん真似をしましょう。そして、どうせ真似をするのなら、チンパンジーのようにではなく、人間にふさわしい真似をすることです。

14

●好きになる

これを好きになったら、その先に待っているものは何か？

何かを、誰かを好きになるということは、あらゆる可能性の扉を開ける鍵ではないかと、私はつねづね思っています。

たとえば、私がビジネスで大成功したのも、この仕事が好きだったからだと言えます。たまたま、自分の好きな感じの仕事、自分に向いているタイプの仕事だった。だから私はもともと運に味方してもらっていたのです。さらに、好きだと思って一生懸命に取り組んだので、仕事仲間の誰もが驚くような結果を残しています。

ただの自慢に思われるといやなので、いまからものすごく重要なことを言いますが、それは、「あなたも私と同じように大成功することができる」ということです。

私と同じビジネスをする必要はありません。あなたが好きな仕事でいいのです。というより、あなたが好きな仕事でなければならないのです。

好きな仕事を、一生懸命やる。シンプルすぎるほどシンプルですが、ビジネスで成功するうえで、これ以上の方法はありません。ということは、もしもいま、あなたが自分で願っているほどの成功を収めていないとしたら、原因は一つです。あなたはその仕事を本当に好きなのではない、ということなのです。

好きなものに対しては、人は集中します。おかあさんに怒られても気にせずにテレビに没頭する小学生、何十軒もブティックのセールをはしごする女性たち、ゲームソフトの発売日前日に徹夜で並ぶゲーム好きの方々などは、好きなものに集中している人たちです。

好きなものに集中する人は、誰に頼まれたわけでもなく、自分で進んで、いくらでも集中し続けます。誰かに止められても聞きません。ものではなくても、好きな人のことを考え出したらどんどんいろいろなことを考えて止まらなくなった記憶を思い出してもいいかもしれません。

好きになるとは、そのくらいの情熱を持つこと。その情熱を持って仕事をして、成果が出ないわけがありません。ですから、成果が出ていないということは、好きになり方がまだまだ甘い、ということなのです。

もしも、いまやっている仕事よりももっと好きでやりたい仕事があるのなら、それをやってみたほうがいい。なんらかの事情でそれが難しく、いまは現在の仕事をするしかないという場合は、好きになるのです。その仕事を、もっともっと。

するべきことを好きになるというのは、いいことだらけです。集中するのでいろいろな作業が速くなります。よけいな雑念がなくなります。そして、自分の中の軸がぶれることも少なくなります。

「自分がこれを好きになったら、どういうことになるんだろう？」とイメージしてみると、好きになる速度が増します。それを好きになることで、その先に何が待っているのかを見極めることができたら、人は行動するのです。

私の知り合いで、英語ができるという理由で、突然総務から海外翻訳権の担当に異動させられた女性がいました。まったく畑違いの部署で、しかも煩雑な業務とあって、最初の一年は引き継ぎその他でろくに週末も休めないくらいに忙しかったそうです。それまでは総務なので残業もほとんどなく、お休みも取りやすいので、よく大好きな海外旅行に行っていた彼女にとっては、耐えられない状況でした。会社を辞めることも考えたそうです。しかしあるとき、彼女は考えたのです。この業務にもっともっと詳しくなれば、海外出張もあるだろう、そうしたら会社のお金で海外に行ける。そろそろ仕事にも慣れたからお休みも取れそうだし、それに専門部署だからお給料も少し上がったので、前の部署よりも旅行に行ける回数が増えるかも。その様子をイメージしたら、彼女のスイッチが入りました。それはもう仕事に燃えて、そしてめでたく思い描いていたとおりになったのです。

だから、するべきことをさっさと好きになったほうが絶対に得なのです。

15

●続ける

続けた先にしか見えないものを手に入れる

あなたは何か、続けていることはありますか？　私の友人や知人の中には、学生時代からもう何十年も日記をつけている人がいたり、海外の友人と文通を続けている人がいたり、会社に入社してからずっと無遅刻無欠勤を続けている人がいたり、あるいは趣味の油絵を続けている人がいたりします。

私はテニスを続けています。といっても、私はプロの選手ではないですし、コンスタントに試合に出るというわけでもありません。スクールに通うわけでもなく、毎日練習するというわけでもありません。ただ、昔から見るのもするのも大好きで、時間をつくっては友人たちと楽しくプレーをしています。最近では単に「好きだし楽しい」ということに加え、健康管理という意味合いも加わって、ますます重要な趣味になっています。

逆に、趣味でも仕事でも、「続かない」という人をたまに見かけます。私は、何かを始めるということは、もうそれだけですごいことだと思っているので、それを始めたのだから、せっかくですからぜひ続けてほしいと思います。

でも「続ける」ということはなかなか難しいようで、だからこそ「続ける技術」みたいな本が数多く出て売れたりするのでしょう。

続けるときには、その頻度も問題になります。私のテニスは、せいぜい週に一度で、仕事のスケジュールが詰まってどうしても二週間あいてしまうというときもある、そのくらいの無理のない「続ける」です。ですから運よくずっと続けることができていますが、これが毎日日記をつけるとか、毎日何かをするということになると、私にはちょっとハードルが高くて、途中で挫折する可能性が大きいと思います。

できる人はどんどんやっていいと思いますが、自分に合ったペースでできるものというのが大事なのではないかと思います。

それに加えて、何かを続けるときに大事なのは、「続けることを目的にしない」ということです。つまり、続けた先のゴール、あるいはその先に待っている何かが見えるようにすることが、続けるコツなのではないかと思います。

さらに重要なのが、「続けていてよかったと思えることが必ず待っている」ということを、自分が信じて続けることです。とくに、私のテニスのようなただの趣味程度のことでしたらまだしも、仕事や自分自身への何かチャレンジに関することでしたら、これはもう、何があってもあきらめずに続けることです。「続ける」だけならただのお題目になりがちですが、「何があっても、どんなことがあっても続ける」と、続けた先にあるすばらしいものにきっと出会えるのです。

あなたには、続けられるような楽しいこと、何があっても続けようと思えるような自分の使命やミッションを見つけてほしい。そしてできれば、その「夢中になって続けられること」で、誰かの役に立てるようになったら、それはもう最高です。

ＳＭＡＰの草彅剛さんと女優の竹内結子さん主演で映画にもなりましたが、ＳＦ作家の眉村卓さんが、大腸ガンで余命一年と宣告された奥様のために、毎日一編の短編小説を書いて届けていたという話があります。「人は笑うと免疫力が上がる」と医師に言われた眉村さんは、病床の奥様のために楽しく笑えるお話を毎日書き続けたそうですが、実に一七七八話にもなったそうです。その眉村さんの思いが伝わったのか、余命一年と言われた奥様はおよそ五年も頑張って生きられ、最後の日を迎えたそうです。

私のテニスはそこまではいきませんが、有明コロシアムで試合を開催して仲間と盛り上がったり、同時にチャリティをしたりするなど、できる範囲で誰かの役に立つようにしています。また、試合を見に行く機会も増え、二〇一〇年は全豪・全仏・全英・全米の四大トーナメントの準決勝以上をすべて観戦しました。この先もテニスを続けることで、自分に何が待っているのかを考えるとわくわくします。

捨てる

LET GO

自分が持てる以上のものは持てない。
こんな簡単なことさえも、
私たちは時々、忘れてしまう。
でも大丈夫。
忘れたら、思い出せばいいのです。
そして、必要のないものを手放す。
感謝の気持ちと、
「ありがとう」の言葉とともに。
新しい何かを迎え入れるために。

16

●決める

「決める」ということは、「これがベスト」であり、「迷わない」という自分への約束

「薫さんって、何かを決めるのがものすごく速いですよね」

これは私が、周りの人からよく言われる言葉のトップ3に入るものです。

確かに私は、自分でも何かを決めるのが速いほうだと思います。決断を迫られたときに、一瞬それに対してすごく集中するので、判断に迷いが出ないからではないかと思います。

ものごとを決められないという人は意外と多いようです。この前も、私が友人たちとレストランへ食事に行くと、私たちよりだいぶ先にすわっていたであろう隣の

テーブルの人たちが、私たちがオーダーをすませて飲み物が来てもまだ決めかねて相談している、といったことがありました。私が帰りのタクシーで「そういえば、ずいぶん迷ってたよね、隣のテーブルの人たち」と言うと、友人は「ああいう人、たまにいますね。でも、自分も昔はあんな感じでした。自分が選んだのがおいしくなかったり、思っていた味と違っていたりしたらいやだと思うから、ものすごく吟味してました。あとはたとえば、本当は三〇〇〇円のステーキを食べたいけれど、ここは節約して一二〇〇円のチキンソテーにしておこうかな、とかそういうことで悩んだり。いま思うと、要するに、損をしたくなかったんですね」ということを言っていました。

なるほど、と思いました。まあ、予算の件については人それぞれですが、思ったものと違うものを食べさせられたら、私ならひとこと「あっ、違うんだ」で終わります。「なんだこれ、思ってたのと全然違うじゃん」と笑って終わりです。もしもそれがそのお店のおすすめだったとしたら、「これをおすすめしちゃうんだ！　すごいお店」とまた笑います。それ以上の追及もないし、ショックもありません。だから根に持ったりもしません。あとでその話を友人にして、「ね、変でしょ、おかしいよね」と一緒に笑って、そこでもとは取れる、くらいに考えています。

なぜこんなにあっさりとしていられるかというと、それは私が、「これを決めたのは自分だ」ということをちゃんと認識しているからです。

自分で選んで、自分で決めたということは、「これがベストだと思うのでこれに決めます。あとはもう迷いません」と、自分自身に約束したのと同じことだからです。

これがもしも、誰か他の人に決められてしまったのなら、「なんでこんなものを」と文句を言いたくなっても仕方ありませんが。自分が決めたのですから、あとであれこれ言うのは反則なのです。

それに、何かを決めるときにあれこれ迷うのは、私にしてみれば時間のロスであり、その損失のほうが痛い。だから、自分の時間の価値をわかっている人ほど迷いませんし、後悔もしません。

もっと、自分の決断に自信を持ちましょう。そして、何が起きても自分が決めた結果だということをいつも意識することです。

人生は、自分の決断によってつくられています。あとから後悔するような決断ではなく、速く、正確で、その後の展開が大きく開けるような「よい決断」をしていくべきなのです。日々の小さな決断の場は、その練習だと思って、つまらない決断はやめるように自分を訓練していくことが大切です。

17

選んだものの集大成がいまの自分である

英米の書籍のタイトルにも使われたりする英語のことわざで、「You are what you eat」という言葉があります。「あなたは自分が食べたものの集大成である」というような意味で、何を食べているかで人生が決まるということです。

これと同じようなたとえで、私がいつも言っているのは、「人生は何を選ぶか、誰と出会うかで決まる」ということです。とくに、何を選ぶかは重要です。自分で決めることができるのですから。

これまでの人生で選んできたものの集大成が、いまのあなたなのです。ですから、自分に関するものは、もっと真剣に選ばなければならないのです。「これでいいや」ではなく、「これがいい」で決めなければなりません。

何かを選ぶということは、その選んだもの以外を捨てるということですから、ちょっと勇気のいることではありります。しかし、それは人生には絶対に必要な勇気なのです。

自分は人生においてこれから先どのようになっていきたいのか、自分は何を求めているのかということがきちんとわかっていないと、間違った選択をする可能性も大いにあります。でも大丈夫、選んだものが間違っていたとわかったら、それを変えればいいのです。何かを選ぶ勇気のある人は、それを変えたり、手放して新しい選択をする勇気もあるのですから。

反対に、何かを選べないという人は、それ以外を捨てるということができず、また、選んだものを変えたり手放したりすることもできないということです。

「自分にとって最適なものを選ばなければ」と思いすぎると、選べなくなるときがあるので気をつけてください。最適にフォーカスしすぎると、選択のハードルがぐっと上がってしまいます。

「選ぶ」ということがまず大事で、それを優先させましょう。選んだものがあなたにとって最適だったかどうかは、あとでわかることが多いのですから。

選ぶ能力に、普段から磨きをかけましょう。たくさんの選択を、すばやくする練習をしましょう。

私たちの毎日は、小さな選択の連続です。仕事でも家庭でも人間関係でも恋愛でも、なんでも。

選ぶときは、あなたが自分のために選ぶわけですから、「客観」で決めずに、「主観」で決めるのです。

私の友人で、四〇代で独身の女性がいますが、彼女はいつも「私の男性の選び方はどうも間違っているようです。見る目がないんですね。いいなと思ってつきあい始めて、蓋を開けたらなんだか問題のある人ばかりで」というようなことを言います。でも、見る目がないと言っても、彼女が自分で「いい」と思った人なのだから仕方がありません。他人が見て文句のつけようがなくて、この人なら彼女を幸せにすると思えるような男性でも、肝心の彼女がなんとも思わないのでは無理です。

「主観」で決めないと、自分の人生を他人の人生として生きるようなものです。だから、選ぶ能力が大事になってくるのです。

いまそこにいるあなたは、「私は過去、こういう選択をしてきました」という見本市のようなものです。いまの状態が自分でいいと思うなら、正しい選択をしてきたということですが、もしもいいと思えないのなら、これからの選択を変えていかなければならないのです。

18

捨てる

「主役は自分」だと認識する

最近、この「捨てる」ということがテーマの本がたくさん出て、しかもよく売れているものが多いようです。この場合の「捨てる」は、主にものを捨てて片づけ、心身共にすっきりした暮らしをしようということですね。

確かに、「捨てる」ということは大事なことです。捨てなければ、すべては増える一方だからです。置いておく場所が無限にあるなら増えても差し支えないかもしれませんが、そんなことはまずありえません。

それに、古いものやいらないものをいつまでも持っておくと、次に自分にとって本当に必要なものがやってきたときに、うまく受け取れません。それがものであれ人であれ、です。右手にバナナ、左手にリンゴを持っている状態でメロンがやってきて、もしもそのメロンが欲しいと思ったら、どちらか一方の手をあける、つまりどちらかは捨てなければならないのです。

捨てるというのは勇気がいります。まだ必要だと少しでも思えるものを捨てるのは惜しいしもったいない。必要ではないと思うものでも、まだ持っていたいという未練や執着がある場合もあります。とくに、近年話題にもなった「もったいない」という言葉を考えると、まだ使えるものや思い出のあるもの、使うのが惜しくて取っておいたものなどは、もったいなくて捨てられないと思うのが人情です。よくわかります。私も少し前まで、ものを捨てることができない、「もったいない」連発の人間だったからです。しかしあるとき、その考えが一八〇度変わったのです。

それは、自宅のリビングルームにいたときのことです。テーブルの上で作業をしようと思ったら、CDやDVD、雑誌や写真集、好きで買った食器などあまりにもたくさんありすぎて、作業をするスペースがないことに改めて気がついたのです。

そこでそれらを捨てようと思いました。ところが、そう考えたとき、出たのです。「もったいない」が。しかし、次の瞬間、こう思いました。「もったいないからとなんでも取っておくのと、自分が快適に暮らすのと、どちらが重要なんだ？」と。

主役はどちらなのか、ということです。

CDやDVDや写真集も、最初は私が楽しく暮らすためには必要でした。自分で気に入って買ったものなら愛着もあります。旅先で買ったものなら旅の思い出もあります。でも、いまそれが邪魔になっているということは、それらはみな、「役割を終えた」ということなのです。手放す時期なのです。「いままでありがとう」という感謝の気持ちで捨てるか、欲しいという人にあげるのです。「いつかまた使うだろう」と思うかもしれませんが、その「いつか」は、かなりの確率で二度とやってきません。

食べ物を粗末にしたり資源の無駄遣いをしたりするのはよくないことですが、そうでなければ「もったいない」にとらわれすぎるのもどうかと思います。

ものだけではありません。人も同じです。つきあっていた人と別れるということは、その人が自分にとってのなんらかの役割を終えて立ち去る時期だということですし、以前はよく仕事をしていた取引先と、もうあまり仕事をしなくなったということもあるでしょう。つきあいを一切やめるというのではなく、「役割がいったん終わったんだな」と認識するだけでだいぶ違うのです。

感情も同じです。自分にとって必要のない感情や考えを早く捨てるということは、生きていくうえでとても大切です。怒りや悲しみ、妬み、誰かへの執着や未練などは、勇気を持って捨てましょう。

何かを捨てられないということは、それにフォーカスしすぎて、あなた自身がおろそかになっているということです。いつも自分が主役だということを忘れずに、「自分が最高の状態で生きていくためにこれらは必要なのか?」ということを考えるようにしましょう。

19

リセットする

牛乳を飲んだままのコップでビールを飲む人はいない

「薫さんはどうしてそんなに切り替えが早いんですか？」「何か失敗をしたときに、そのことを悩んだりはしないんですか？」

これもまた、私がよく聞かれることです。

私もみなさんと同じ人間ですから、失敗もしますし、反省もします。ただ、いつまでも悩んだり、そのことについて考えたりはしません。それよりも、しかるべき処理をして、あとは次の展開を考えます。

大事にしている何かをなくしたり壊したりしたら、みなさんはどうするでしょう。

もっときちんと管理しておけばよかったと後悔して、なぜそうしなかったのかを考えたり、自分を責めたり、あるいは誰かのせいにしたり、ひたすら嘆いたりしてはいませんか。

いまここに、私が好きで使っているヘレンドのコーヒーカップがあります。これがもし床に落ちて粉々に割れたとしたら、私はどうするかをちょっと考えてみます。たぶん、まず「ギャー!」と叫ぶかもしれません。でも、叫び続けたりはしないと思います。叫んだ瞬間、もう私の中では「カップが割れた」で処理されてしまいます。もちろんショックではあるのですが、そこで嘆いたりわめいたりしていても、割れたカップがもとに戻るわけではありません(もしも戻るなら、張り切って嘆くとは思いますが)。そして、割れたカップを見て、「割れましたね」という判定をくだして、あとはさっさと片づけます。

ここで大事なのが、「割れましたね。割れたのは見届けました」と、自分に念を押すことです。割れたという現状を受け取ることで、この一件を終わらせるのです。

もしも壊れてしまったのがものではなくて、人間関係だったとしたら、それはラッキーです。まだ修復のしようがありますし、あなたの対応次第では、壊れる前よりも強固な人間関係が築けるチャンスがあります。

仕事でミスをして取引先を怒らせた、あるいは上司を怒らせたなどというときは、とにかくその相手に対して瞬時に動くことです。「自分が至らなくて申し訳ありません」という態度を、できるだけ早く、かつ心からの誠意を持って示すのです。それをすぐに処理せずにぐずぐずと引きのばしたり、あるいは一〇〇%の誠意を見せなかったりすると、結局自分の中に悔いが残るのでいつまでも引きずるのです。自分にできるかぎりのことをやりきったら、あとはもう相手の判断にまかせるしかないのですが、普通はすぐに誠意を見せたら、あまりもめることはないと思います。

そして、そのあとは自分の中で早く切り替える。リセットするのです。私が自分のリセットのためにやっているのは、一日の終わり、寝る前にその日一日のリセットをするということです。

自分で、今日のよかったこと、よくなかったことを思い出し、よかったことはほめ、よくなかったことは反省し、それで「さようなら」です。そのあと、「明日は何をするのか」を決めてから寝る。そうすると、寝ている間に脳が「次の日にやること」にフォーカスしてくれますから、誰でもばっちりリセットできます。

性格的にきちんとしている人ほど、リセットがうまくできずにくよくよ悩むことが多いようです。でも、リセットは「するべきこと」なのです。

牛乳を飲んだままのコップでビールを飲みたい人はまずいないと思います。別のコップを使うか、そのコップを洗ってふいてからまた使いますよね。リセットもそれと同じことなのです。

それに、いやな感情をいつまでも持っている人には運は味方をしませんから、ぜひリセットを練習してください。

20

ゆだねる

「よい状態になること」を信じる練習

ゆだねる、つまり他の誰かにすべてをおまかせする状態。これが楽でいいと、最近ようやく思い始めました。

それまでは、私はけっこうなんでも器用にできるところがあるので、仕事でもなんでも、できるかぎり自分でやるようにしていました。しかしあるとき、机の上から落として割れたグラスを片づけようとして、しかもなかなかうまく全部破片が拾えずによけい散らかってしまったのです。

私はそれをきっかけに、「待てよ」と思いました。

「自分は、もう少し人にまかせるということをするべきではないか？」と。

そのあとまもなく秘書が来て、割れたグラスと私の様子を見て、ものすごく驚きました。なぜグラスを片づけるのにすぐに自分を呼んでくれないのか、と。

「薫さんはもっと他にすることがたくさんありますし、それは薫さんしかできないことなんです。グラスを片づけるのは私たちの仕事ですからまかせてください。自分でやろうとして慣れないことをするから、よけい散らかってガラスの破片が危ないです」

普段の私なら、間違いなくすぐに秘書を呼んで片づけてもらいます。それなのに、なぜかそのときは自分でやろうと思ったのです。しかし自分の仕事をせずに秘書の仕事を奪ってよけいなことをしてよけいに散らかして、自分はいったい何をしているのでしょうか。

これは実は、「ゆだねる」ことができていないということを、神様が私にわからせるためにそうしたのではないかといまでは思います。

ゆだねるというのは、自分が手を抜くとか、他力本願とか、そういったものとは違います。言うならば適材適所であり、「この人にまかせていれば大丈夫、きっとよくなる」と信じる練習であり、そしてまた、ゆだねた相手に信頼やチャンス、可能性を贈ることでもあるのです。

歯医者に行ったら椅子に寝て口を開けてあとはお医者さんにおまかせするしかないですし、レストランに食事に行ったら、注文した料理をシェフがおいしくつくってくれるのを信頼して待っているしかないですよね。それと同じことなのです。

また、そういったいわゆる「プロ」におまかせするものの他に、たとえばスポーツの監督が試合が始まったら選手にまかせたり、会社の社長だってすべての仕事は自分一人では絶対にできませんから社員にそれぞれまかせます。シェフだって、総料理長が一人ですべてのお客様の料理をつくるのは、よほど小さな店でないかぎり不可能でしょう。一家の主婦が、自分の代わりに洗濯機に洗濯してもらい、炊飯器にご飯をたいてもらい、湯沸かし器にお風呂を沸かしてもらうのも、ある意味「まかせる」ということです。

まかせたら、口出しをしたり文句を言ったり、まして「大丈夫？　できる？」など何度も聞いたりしてはいけません。信じてまかせて、相手にあなたの期待に応える練習をさせるのです。

おかずをあたためるのに電子レンジを使いますが、そのときに「本当にちゃんとあたたかくなるの？　無理だったら早めに言ってね」などと言う人はいないと思います。誰かに何かをまかせたのに心配して口を出すというのは、あなたがその人を電子レンジよりも信頼していないということになりますから、普段からゆだねてまかせる練習を積むことです。

21

枠を外す

「かも」が人生を変えるかも

私は仕事でたくさんの人と会います。一対一の個人的な面談から、自宅でのホームミーティングやホームパーティ、あるいはホールで講演会やセミナーなどを行うこともあります。そこでいろいろな職業や年代の方とお話をするのはとても楽しい。そして、話をしているうちに、その方の考え方のくせのようなものがちらりと見えたときは、さらに楽しい。「あ、この人はこういう考え方をするんだ。へー、面白い」「この人はこういう考え方か。友だちの△△と似てるかも」などと、あれこれ観察させていただくこともしばしばです。

考え方のくせが推測できると、その人が自分にどのくらいの「枠」をつくっているのかも、なんとなくですがわかるときがあります。

大なり小なり、たいていの人はこの「枠」を自分で勝手につくっています。自分で勝手に——ここがポイントです。本当はそんなもの、なくてもかまわない、というか、ないほうがいいのに。まるで、あの象と小枝の話です。

それは『小枝にしばられたゾウ』という、子象が逃げ出さないように、小さいうちに頑丈な木などにつないでおくというお話です。まだそんなに力もない子象ですから、逃げようともがいてもなかなか木は動きません。そうこうしているうちに、子象は「自分はこのつながれている木からは逃げられないのだ」と勝手に思いこむのです。すると、成長して力が強くなった象を小枝につないでおいても逃げなくなるし、逃げ出そうともしなくなる、という内容です。

文章として読んでいると、「そんなバカな」「その小枝を引き抜いてみればいいじゃないか」と誰もが考えると思います。しかし、それと同じことがいまあなた自身に起こっており、それを解決できないでいるという事実があるのです。象ならまだしも、人間がそんなことでは、ちょっと恥ずかしくないでしょうか。

簡単に「できない」「無理」と言うのはやめましょう。自分でつくった枠を壊して、自由に行動しましょう。だいたい、あなたが「できない」と思っていることは、実はそんなに無茶なことでもなんでもないのです。なぜなら、あなたに解決できない問題はあなたのもとにはやってこないからです。言い換えると、あなたに起きる問題は、すべてあなたが解決できるものなのです。

誰もあなたに「日本のGDPを上げてください」とか「貿易赤字を解決してください」とか「鳥インフルエンザを撲滅してください」などとは言いません。それはもっと解決できそうな人のところに持ち込まれる問題です。ですから、あなたは自分の身の回りのたいていのことに関しては、「できる」のです。

ここで、あなたが本当はできることが、できそうに見えてくるコツをお教えしましょう。それは「かも」です。「できるかも」と口に出して言ってみるのです。これは私が周りの人によくすすめている方法です。

「やればできる！」と言われると、一瞬だけそんな気もするのですが、たいていの人はすぐに「いや、でもやっぱりできないよ」と揺り返しがきます。アクセルを踏みながらブレーキも踏んでしまうようなもので、それでは空回りするだけ。それを防ぐのがこの「かも」です。無理そうに思えることも、ふと「できるかも」と言ってみると、何かできそうな気がしてきませんか？

「できるかも」は、あなたが踏んでいるブレーキをそっと離してくれるのです。

もう一つのコツは、「できるかも」と思ったらすぐにやることです。それを「じゃあ明日やろう」とか「あとでやろう」ということにすると、たちまち「明日」「あとで」という枠がまたつくられてしまいます。

枠をつくっている人のほとんどが、この「いますぐに」ができずに、先延ばししてしまうタイプです。「すぐにやる」というくせをつければ、枠はだんだんとできにくくなっていきます。さあ、「できるかも」ですぐにやる練習の開始です。

22

YESとNOをはっきりさせる

断れない人は損をする

これからあなたにいくつか質問をします。あまり深く考えずに、さっと答えてください。

①動物は好きですか？
②バンジージャンプをやってみたいと思いますか？
③お酒は飲めますか？
④早起きは得意ですか？
⑤中国語に興味はありますか？

いかがでしょう。とくに難しい質問はないですね。すぐに答えられたと思います。

自分は何が好きで何が好きではないかを普段から意識しておくことは大切です。それができていないと、人から何かを聞かれたり、頼まれたり、誘われたりしたときに問題が発生することがあります。きちんと答えられないからです。

答えられないとどうなるかというと、せっかくのチャンスを逃したり、逆に、断れないためにその後の展開が泥沼になったりします。

とくに日本人は、「断る」ということが苦手な人が多いようです。相手はただ質問の答えが知りたいだけで、それがYESでもNOでもどっちでもかまわないというときに、一見YESに見せかけたNOを言われると混乱します。

私はいつも単純明快です。

「薫さん、おいしいキムチがあるんですけど、召し上がります？」

「あ、ごめんなさい！　キムチは苦手なんです」

「あ。そうなんですか、残念ですね。じゃあ普通のお漬け物はどうですか？」

「漬け物は大好きなんで、いただきます。ありがとう」

シンプル極まりない会話です。誤解の入り込む余地がありません。

これが「断ったら悪いから」とよけいな気を使うと、こうなります。

「薫さん、おいしいキムチがあるんですけど、召し上がります？」

「ああ、ええ、ありがとうございます」（質問の答えになっていません）

「どうなさったんですか？　召し上がらないんですか？」

「あ、はい、大丈夫です。ありがとうございます」（何が大丈夫？）

「……あの、もしかしてキムチはあまりお好きではなかったりします？」

「ええと……、あのう、すみません、実は辛いものがあまり得意では……」

それならそうと早く言えばいいだけの話を、ややこしくしています。断ることで相手が気を悪くするかもしれないと思うのでしょうが、最初にきちんと言わなければ結局最後にこうやって気を悪くされます。そして、あとでもめるほうが事態は大ごとになるのです。

できないことはできない、好きではないことは好きではない、知らないことは知らないと、普通のトーンで言えないと大変です。普通のトーンとは、「私の名前は〇〇です」というときのトーンです。誰も自分の名前を言うときに、「変な名前だと思われたらどうしよう」とか「こんなところで名乗ったら変かな」とか、よけいなことは考えないでしょう。それと同じトーンで、自分のYESとNOを伝えればいいのです。みなさん、どうでもいいエネルギーの使いすぎなのです。

断るときは冷静にさくさくと断ること。そうしないと相手もあなたも、お互いに迷惑を被ることになります。断ると相手が不機嫌になり、自分の印象が悪くなるので損をすると思うのは間違いです。断れない人が結局、損をするのです。

23

●比べない

他人と比較するのは自分軸がぶれている証拠

SMAPの『世界に一つだけの花』がダブルミリオンセラーになり、「人と自分を比べる必要なんてない」というメッセージを一〇〇万回聴いても、つい自分を他人と比較してしまう、それが人間というものです。

もしどうしても比べたいのなら、「あの人ができたのなら、私だってできるはず」と前向きな比べ方をしてほしいのですが、「あの人ができたのに、私ができないのはなぜ」といううしろ向きな比べ方をする人もいるかもしれません。

自分よりも優れている人、成功している人、目標とする人と自分の「いまの」位置を比べて、どのくらい進歩したのか、差を縮めるにはどうしたらいいのかを確認するために比べるのはいいと思います。でも、単に他人と自分を比べて落ち込んだり逆に優位に立った気分になるために比べるのは、意味のないことです。

私は自分のビジネスがいろいろな年齢のいろいろな境遇の人と一緒にする仕事なので、よけいに「比べる」ということをしません。というか、できません。みなさんそれぞれ仕事のスタイルも違いますし、思い思いに自分のペースで、無理のないよう楽しく働いています。そして、みんなこの仕事に人生をかけています。自分のやっていることに人生をかけている人というのは、収入や地位や肩書きなどは関係なく、みなオンリーワンです。だから比べようにも共通のものさしがないのです。

他人と比べないので、他人と競うこともありません。競うとすれば、自分の限界に挑むのです。だから、オンリーワンになるということは、頑張らなくてもいいという免罪符ではけっしてないということです。むしろ、自分の限界に挑むほうが、他人と競うよりも大変な場合が多いのではないかと思います。

かといって、私は別にナンバーワンを否定するわけではありません。どんな世界でも、トップを極めるということは偉大ですばらしいことです。それが、トップになるためにトップになったというのなら、正直あまり面白くはないのですが、目標に対して自分がどれだけやれるのか、やったのかということを追求した結果がトップなら、その人はかなりクールでかっこいい、と私は思うのです。自分に合った頑張り方を発見したということだからです。

私が他人と自分との差を気にしないのは、ひとえに生まれ育った環境にあります。島根の田舎で、姉二人の三人姉弟だった私を、両親は「男だから」とか「長男だから」とか、あるいは「弟だから」という区別はしませんでした。姉たちのことも、「女だから」とか「おねえちゃんだから」という区別はしませんでした。みな、「中島家の大事な三人の子供」として育てられました。その一方で、両親は「三人ともみなそれぞれ違いがあるけれど、違っていて当たり前、それが個性で特徴。よしあしはない」というスタンスでもいました。これはたぶん、私が小児マヒを患って、そのせいで左手が少し不自由になってしまったことが多少なりとも原因としてあるのではないかと思います。そしてもちろん、三人ともにたっぷりの愛情を注いで育ててくれたので、私たちは「大事にされた」という記憶が山ほどあります。ですから、自分に自信がありますし、「自分は自分でいいんだ」という信念があります。自分軸がしっかりしているので、何があってもそれがぶれないのです。

自分軸がしっかりしていてぶれなければ、他人と自分を比べません。必要がないからです。逆に言うと、比べるということは軸がぶれている証拠です。外ではなく、つねに自分の内側に目を向ける。そうすれば、他人につられて自分の人生のペースを乱すことはなくなります。

「他人があなたをどう思うか」はたいして重要ではありません。「あなたがあなたをどう思うか」が重要なのです。

「自分らしさ」という武器をたくさん標準装備してください。

24

●あきらめない

あきらめない人にだけ奇跡は起きる

人生、何が起こるかわからない。これは私がいつも言っていることであり、かつ、いつも感じていることでもあります。とにかく、私の人生は、他の人が聞いたら「えっ、そんなことってあるんですか⁉」「本当にそんなことが現実に起きるんですか⁉」というようなことだらけなのです。奇跡でいっぱいの人生です。

それは私が、あきらめない人間だからです。奇跡は、あきらめない人にだけ起きるのです。

とにかくなんでも、自分からはあきらめない私は、何かをあきらめそうになって

「もうだめだ」と言っている人を見ると、「まだまだ！　まだだめじゃないでしょう！」と発破をかけたり、「本当にだめなの？　よく考えてみて」と聞いたりします。私が思うに、誰かが「だめだ」と言ったときには、ほとんどの場合はまだだめではないのです。自分で勝手に「だめ」ということにして、終わらせてしまっているだけなのです。「だめ」には、「にせのだめ」と「本当のだめ」があるのです。

ここで「にせのだめ」と「本当のだめ」に関する、私の友人のものすごく面白い話をご紹介します。増田という男性の実話です。

彼がある講演会のゲストに呼ばれて、タクシーで会場に向かっていたら、高速道路が途中から異常なほどの渋滞になり、ほとんど止まるくらいの状態になったそうです。その渋滞のままどんどん時間は過ぎて、もう間に合わないということになり、彼は講演会の主催者に「渋滞で動けないので間に合いません」と電話をしようと思いました。しかし、そこで彼はふとこう思ったのです。「どうせだめなら、どこまで行けるか。できることだけはしてみよう」。あっぱれな心がけです。それでどうしたかというと、運転手さんにお願いしてタクシーから降ろしてもらいました。そして、渋滞で車がずらりと並んでいる高速道路を、いちばん近い出口まで走っていったのです。普段だったらかなり危険な話ですが、そのときはバカみたいな渋滞で車はほとんど動いていなかったからできた技でしょう。そして出口から走って下の一般道へ降りてそこでまたタクシーを拾って会場へ向かいました。そうしたらなんと！　ぎりぎりセーフで間に合ったのです。

途中であきらめることはいくらでもできましたが、もう無理だと思ったからこそどこまでできるかやってみたら、こんな奇跡が起きたのです。

そしてここで注意してほしいのが、増田が「もうだめだ」と思ったときは、本当にだめだったのか、ということです。賢いあなたならもうおわかりかと思いますが、それは「本当のだめ」ではなく、「にせのだめ」だったのです。

この場合の「本当のだめ」とは、会場に時間までに着けなかったときにはじめて成立する「だめ」です。講演が始まってもいないうちから、それに間に合いそうもないからと自分で勝手に「だめ」と決めるのは、「にせのだめ」なのです。最終的に、「だめだった」ということをきちんと見届けて確認しないかぎり、まだだめではないのです。

終わりを自分で決めてしまっては、起こる奇跡も起きません。

私が好きでよく使うフレーズに、「終わるまで、終わりではない」というものがあります。英語の歌の歌詞にも「It ain't over till it's over」という表現でよく出てきます。

「もうだめだ」と思ったときには、たいていはまだだめではないということがわかれば、もうちょっとだけ頑張れるのではないでしょうか。終わるまで、終わらせずにチャレンジする人に、運はきっと味方をしてくれます。

25

恐れない

恐怖ではなく愛で生きる

「恐れないで」。これは、私がサインを頼まれて、「何かひとことお願いします」とリクエストされたときに時々書く言葉です。こんなことを言うと占い師みたいですが、顔を見ると、その人がどんなことを書いたら喜んだり元気が出たりするのかが、なんとなくですがわかるときがあるのです。そして、「この人には『恐れないで』と書いたらきっといいんじゃないかな」と思って書くのです。

何かしらの不安や恐れと、私たちは日々闘って生きていますが、その「恐れる対象」は、実はもともとあったものではありません。自分が勝手につくり出したり、恐れる必要のないものを勝手に恐れているだけのことがほとんどなのです。何かに不安になったり、心配になったりしたら、まずは自分に一度問いかけてみることが大切です。「これって、本当に恐れるようなことなんだろうか?」と。

私は幸運にも、「恐れの正体は自分が勝手につくり上げた幻想だった」ということを子供のときに理解してしまったので、それ以来、よけいな不安や恐れとは無縁の人生を歩んでいます。

小学校に入るか入らないかくらいの頃、夜中に目が覚めてトイレに行くときは、私は怖くて仕方がありませんでした。自分の部屋からトイレへ行く途中に客間を通りすぎるのですが、ちらりと横目で見ると、幽霊がいつも立っているのです。ですから、トイレに行きたくなると姉を起こして一緒に行ってもらっていました。あるとき、朝に客間のそばを通りかかってふと目をやると、いつも幽霊が立っているあたりに、白い浴衣がかけてありました。そうです、私がずっと幽霊だと思って怖がっていたのは、浴衣だったのです。

そのとき私は、自分がいままで恐れる必要のないものを勝手に恐れていたことを知り、そして、実は自分が心配や不安に感じることというのは、これと同じで、自分の頭がつくり出したものにすぎないのではないかと思ったのです。

恐れるということは、単なる「先走り」だとも言えます。私たちは、まだ起こっていないことに対して恐れを抱くのです。「○○だったらどうしよう」「××だったらいやだなあ」という具合に。実際に何かいやなことが起こっているときは、恐れている場合ではなく、それに対処してなんとかしなければいけないでしょう。

逆に言うと、心配するから、心配するような出来事が起こるのです。心配してしまったときには、その心配な事態を自分がどうやって解決するのかシミュレーションまでしておけば、立派な危機管理になりますから、どうせならそこまでやればいいのです。そして、「失敗したらどうしよう」ではなく、「成功したらどうしよう」と考えれば完璧です。「こんなにうまくいって、すごい！　どうしよう！」ということで不安になればいいのです。

「失敗したらどうしよう」と口ぐせのように言う人には、私はいつも「じゃあ、あなたは失敗したいの？」と聞きます。するとたいていの人は「いいえ、違います」と答えます。そこで私が「それなら簡単でしょう。勝手に先走るのをやめて、いまに集中すればいいんです」と言うと、もうそれで終わりです。

あるとき、友人と、この「恐れ」や「不安」について話す機会がありました。

「薫って、すごくいい生き方してるよね。どうやったらそんなふうに、豊かで自由で、生き生きと毎日を過ごすことができるの？」

そう聞く彼に、私はこう答えました。

「うーん、そうだな、恐怖よりも愛のほうが強い人生だから、かな」

恐れや不安より強いもの、それは愛です。人でもものでも、愛するもの、守るべきもの、大切にするものがある人は、恐怖にきっと勝てるのです。あなたの人生で「このためになら自分は強くなれる」と思うものを持つこと。そして、恐れる必要のないものを恐れて無駄にする時間を、人生からなくしてしまいましょう。

始める

START

私たちは、
いつだって、なんだって、
始められる。
自分がそう望みさえすれば。
水面に投げた小石が大きな波紋をつくり、
それが広がっていくように、
あなたの人生に、
いくつもの驚きと喜びと幸福と感動を起こしましょう。
何かを始めることで。

26

始める

ゼロから1をつくり出す勇気を

私は一九九九年に『始めるのに遅すぎることなんかない！』という本を出してそれがベストセラーになりましたが、もうそれから一〇年以上もたったなんて信じられません。

この本は、タイトルのおかげもあり、読者を選ばずにいろいろな方に読んでいただくことができました。中でも、四〇代五〇代、そして六〇代くらいの方からもたくさんのお礼のお手紙をいただいたことをいまでも覚えています。

「会社を定年退職して、これから第二の人生を歩むうえで、この本は大きな支えとなりました」
「ずっとやりたかったことを、いまさらですが始める決心がつきました」
「好きなことをやるのに、年齢は関係ないと改めて思いました」
といった声が本当に多く、私もみなさんのお役に少しでも立てたことがわかり、とても嬉《うれ》しく思いました。

このような方々の声から、「何かを始めるというのは大変だ」と思っている人は多いということや、それでも始めたい何かというものは、みなさん持っていらっしゃるんだなということがわかりました。

確かに、始めるということは一見ハードルが高い。無から有を起こす、ゼロから1をつくり出すわけですから、その先に何が起きるかわからないと思うと、勇気がいります。

ただし、何かは起こるのです。決心して始めたその勇気に対してあまりあるくらいの、すばらしい何かはきっと。そして、始めなければ何も起こらないのです。

ゼロと1、1と2の間は、等間隔ではありません。ゼロから1は、1と2の間の何倍もの距離があります。だからこそ、その距離をものともせずに1へ向かってスタートしたすべての人に、私はゴールに到達したのと同じ賞賛を贈りたいと思うのです。

始めることによって、人生はどんどん変わります。楽しさにも、成功にも、新しい可能性にもつながっていきます。

始めることを恐れる人は、何がネックになっているのでしょうか？

よく聞くのが「いまさら始めても……」という言葉です。「いまさら」って？

では、いつだったらよかったのでしょうか？

それは「いま」です。始めたいと思ったときがそのときなのです。

始めたら絶対に成功しなければならないと、勝手に思いこんでいる人もいます。

それは間違いです。それを言うなら、始めた時点ですでにあなたは成功しているのです。

仮に何か失敗したとして、それがいったいなんだというのでしょう？　失敗することはマイナスではないのです。始めた人には、プラスしか与えられないからです。始めるということは、プラスを積み重ねていく旅のようなもの。途中で起こるあらゆることを、ただ楽しんでいればいいのです。

自分はできる、始められると思いましょう。できると思わなければ、何も始まりません。

そして、始める人には、運もあと押しをしてくれます。ですから安心して、1から2、2から3へと、次の展開をつくり出していってほしいと思います。

27

●準備する

三六〇度全方位をカバーする「隙のない準備」を

チャンスは、準備ができている人のところにやってくるというのはよく聞く話です。ですから、普段から準備をしておくことは言うまでもなく大切です。

いつどんな形でやってきても大丈夫なように待つには、脳みそをフル回転させ、持てる想像力をすべて使って、「こういうこともあるかもしれない」ということを、何十種類、何百種類とストックしておけたら、あなたはもう準備のプロです。どんなチャンスがきてもうまく対応できるでしょう。

先の予定として何かが決まっている場合の準備に、リハーサルがあります。私は横浜アリーナや福岡国際会議場など全国各地でいくつもの講演会をしますが、ミスなく終えられるように、リハーサルも当然、きちんとやります。スタッフの榎本と中野が、それこそ、本番さながらどころではなく、本番以上に決めます。というのは、リハーサルをリハーサルだと思ってやっていると、本番で必ずと言っていいほど何か小さな失敗があるのです。ですから私は、「リハーサルが本番だと思って、とにかく集中してやるように」とスタッフに言います。すると本番はリラックスしてうまくできるのです。「これは準備なんだ」と思いながらやっていると、落とし穴がある場合があるのです。

講演の他にも、私は、テニス大会やボウリング大会、アーティストを呼んでのコンサートなど、いろいろなイベントを開催するので、その準備にも余念がありません。昨年末には、帝国ホテルでのダニエル・オストの展覧会とパーティを、昼の部を個人で借り切って友人たちを招いたりしました。ダニエルはベルギーをはじめ、世界各国の王室の式典の装飾も手がける世界的に有名なフラワーアーティストですが、彼とはもう長いつきあいになります。

その帝国ホテルでのイベントを翌日に控えた午後、たまたまテレビをつけたら『徹子の部屋』をやっていました。普段はあまり見たことがないのにその日はなぜかそのまま見ていたら、ゲストが作家の村松友視《ともみ》さんでした。そこで村松さんの新刊が紹介されたのですが、なんという偶然か、それは『帝国ホテルの不思議』という、帝国ホテルについての本だったのです。

フロントからベルマン、ドアマンにルームサービスにソムリエ、総料理長から総支配人まで、ホテルの中のあらゆる職種の人たちの仕事の様子から、帝国ホテルというものを浮き彫りにするという内容です。それはそれでものすごく面白そうだったのですが、さらに面白かったのが村松さんのホテル取材時のこぼれ話でした。そこには、帝国ホテルの従業員の方たちがいかに普段、ファーストクラスの準備をしているかが表れていて、私は感動してしまいました。

とくに驚いたのが、ゲストの方々の衣服の世話をするランドリーの担当の方のお話でした。その方は、自分の仕事についての知識はもちろん豊富なのですが、その知識の上書きのために普通ではちょっと考えられない勉強をたくさんなさっているそうで、中でも面白かったのが、パリコレなどのモード関係のイベントはテレビ放映があるとかかさずチェックするとのことでした。なぜかというと、そこで発表された服を購入するようなVIPゲストが、帝国ホテルには多く宿泊するからです。その服そのものではない場合も、たとえばそのコレクション会場で発表されたデザインやマテリアルや加工の仕方はすぐに流行りますから、やはりゲストが似たような服を持ってきてランドリーに出す可能性もあるのです。そのときに何も情報がなかったら、ゲストの大事な持ちものにダメージを与えてしまう恐れがあります。それだけは絶対に避けなければなりません。ですから、三六〇度全方位の準備が必要なのです。

その番組を見た翌日に展覧会とパーティに出席した私の、帝国ホテルを見る目が少し変わったのは言うまでもありません。

28

●役割を演じる

自分を切り替えるスイッチを見つける

あなたは「自分の役割」というものを意識したことはありますか？

自分から見た自分自身という存在の他に、人にはまた別の自分というものがあります。それは他人や社会が、あなたに「こうあってほしい」「こうなってほしい」と期待する「役割」です。それをきちんと演じた人が、結局成功するのです。

たとえばサッカーなら、ディフェンダーは基本的に守備を期待されますから、相手の攻撃を防げば防ぐほど、「いい働き」になります。それを「自分もゴールを決めたい」と前に出て行って攻撃にも参加した結果、守備がおろそかになったとしたら本末転倒です。会社員なら、会社の業績を上げるために、自分は会社から何を求められているのかということを理解して、それをクリアすれば評価は上がります。期待に応えるわけです。

役割を演じるというのは、一方で自分が到達しようとする目標への道を歩むことでもあるわけです。期待されて役割を振られるということは、あなたはそれができると思われたからこそのこと。時には、あなたのいまの実力からすると少し要求が高いと思われる役割の場合もあるでしょう。それは大抜擢《だいばってき》されたということですから、あなたはそれを「使命」としてやり遂げなければなりません。そしてそれを必死で演じているとき、あなたは自分の少し先の未来と出会うことができるのです。

「役割を演じてほしい」というリクエストには、本来の自分プラス別の自分という、何かわくわく感があります。自分の可能性がまた新たに広がるのですから。

私は先日、中国映画に出演して、しかも「中島薫」という自分自身を演じてきました。世界ナンバーワンコーチとも呼ばれるアンソニー・ロビンズや世界的な人気を誇るアメリカの女性司会者のオプラ・ウィンフリーとも仕事をする、ロッキー・リャンという中国人実業家が、自分の自伝的な映画をつくっているのですが、彼は私の大ファンだそうで、私に「ぜひ本人役で出演してほしい」と熱烈な出演依頼をしてきたのです。最初は断ったのですが、あまりに何度も依頼が来て、私も根負けして撮影のために上海まで行ってきました。この映画は中国だけで二億人が観るそうで、プロデューサーが「中島さんは中国人が知るもっとも有名な日本人になるかもしれませんね」と笑っていました。

演じるのは自分の役ですし、大きなホールで講演をしている場面ということで、楽勝だと思っていました。でも蓋を開けてみたら、スピーチにはきっちり台本が用意されていたうえ、それは私が絶対にしないような内容のものでした。さらに演出家が「スピーチの最中にガッツポーズのように手を上げて、聴衆に向かって拳を振ってください」という振りつけをしたのです。あまりのことに、私は「ちょっとやめてください。そんなの恥ずかしくてできません。私はスピーチの最中にそんなことやったことがありません」と言ったのですが、監督まで出てきて「これは中国のやり方だからいいのです。中島薫がここでこうやって手を上げることで、中国人はみな感動するのです」と言い張るのです。そこまで言うならと、私も覚悟を決めて演じきりました。役ですから、自分ではない自分になることも必要です。そこで「これは自分とは違う」と言っていないで、ぱっと切り替えるのです。自分ではない自分が見つかるということも、役割を演じる利点の一つではないかと思います。

役割を演じることは、自分の殻を破ることにもつながります。

たとえば、あなたが営業部に配属になったのに、売り込みの電話をかけたり、相手に会ってセールストークをするのが苦手だったとします。苦手ではありますが、仕事ですからやらなければなりません。そんなときには「優秀な営業マン」という役割を演じることに集中するのです。気持ちを切り替え、普段の自分とその役割を演じる自分とを切り離せば、なぜか不思議とうまくできるようになります。

自分自身を自由自在に切り替えられるスイッチを、ぜひ手に入れましょう。

29

●価値を知る

そのもののうしろに隠れているものを見抜く

価値というものを正確に見抜くのは、慣れないとちょっと難しいかもしれません。何しろ、目に見えないものを査定するわけですから。

たとえば、自分の子供がピアノを習いたいと言い出したとします。あなたならどうするでしょう。とりあえず習わせるのが正解です。ここで、「月謝がかかる」「ピアノは高いし、置く場所もない」「音がもれたらご近所から文句を言われる」「買っても、もし子供がすぐ飽きてしまったら困る」などと、マイナスの要因ばかり頭に浮かぶようでは、ちょっと心が貧しい。

まず、子供が何かに興味を持ったということ自体すばらしいですし、それを続けることができたらさらにすばらしい。子供があなたのために好きな曲を弾いてくれたら、嬉しくはないですか？　もしものすごく才能があって、ピアニストになりコンサートでたくさんの人を感動させるとなったら、どうですか？

月謝が安いピアノ教室はいくらでもありますし、ピアノが弾ける知り合いに頼むのも手です。ピアノも、最初からそんなに大きなものを買う必要はないし、もしかしたら誰かから中古品を譲ってもらえるかもしれません。子供に才能があり、この先もずっと続けるということになったら、いい先生やいいピアノのことを心配すればいいのです。また、中古のピアノは需要がものすごくあり買い手はすぐ見つかりますから、いらなくなったら売ればいいのです。

最近はペットを飼う人がますます増えていて、しかもそのペットにかなりのお金をかける人も多いようです。血統書付きの犬や猫なら一頭何十万円もしますし、一〇年二〇年もの間のえさ代にトリミング代、予防接種代、もしかしたら避妊手術の費用なども考えると、一〇〇万円単位のお金がかかります。でもそれは、飼い主にしてみればちっとも高くはない。ペットと過ごす時間の楽しさや幸せな気持ちは、お金以上の価値があるからです。価値を知る人は、その価値以上のものを得ることができるのです。

仲よしの山崎義幸、通称よっちゃんも、この「価値を知る」センスがものすごくある人です。私が「よっちゃんはさすが」と思ったエピソードがあります。

あるとき、よっちゃんがマサという男性を連れてきました。マサは当時、若者に大人気のアメリカの某ブランドのマネージャーで、しかもそのブランドが上海に初出店する責任者として二六歳にして大抜擢され、もうすぐ現地へ行くことになっていました。マサはNBAが大好きでアメリカ留学をしていたため英語もできるということで、私がよくNBA観戦に招待されてロッカールームで選手にも会ったりするという話を、目を輝かせて聞いていました。そうしたらよっちゃんが、「薫さんの運転手でも通訳でもかばん持ちでも何でもいいので、彼をしばらく使ってくれませんか」というのです。

よっちゃんがこんなことを言うのは珍しいので驚きましたが、ちょうどそのとき、私も夜の外出のときの運転手と通訳が欲しいなと思っていたので、スタッフとして雇うことにしました。そうして私の運転手としてあちこち出かけ、たくさんの一流の人たちの近くにいるうちに、彼は何かを見抜いたようで、勤めていたその超人気ブランドを辞めて、私たちと一緒に真剣にビジネスを始めることにしたのです。

マサもすばらしいと思いましたが、私はよっちゃんがさらにすばらしいと思いました。マサの可能性と価値を知り、「いまの仕事よりも、自分たちのビジネスを一緒にしたほうが絶対に伸びる」と思ったのでしょうし、それを自分が教えるよりも、私に預けたほうが多くを学ぶはずだと見抜いたのです。

価値がわかる人は、想像力の豊かな人。目先の事実や、お金に換算した見せかけの価値にだまされず、その裏にある実はもっと大きな価値を手にできます。

真実の価値を見抜く人は、確かに運に愛されます。

●習慣づける

30 成功は能力の差ではなく習慣の差から

「言葉が変われば思考が変わる、思考が変われば行動が変わる、行動が変われば人生が変わる」

これはどこで見たのか忘れましたが、インターネットで調べものをしていたときに見つけた言葉です。いいなと思ったので、手帳に書いてあります。

言葉も思考も行動も、ある意味「くせ」や「習慣」です。つまり、いい習慣を身につければ、いい人生がおのずと訪れるということなのです。

さて、あなたはどんな成功習慣を持っているでしょうか？

これまでそんなことは気にしてこなかったという人のために、私のとっておきの成功習慣をいくつかご紹介しましょう。どれもとても超簡単なうえに驚きの効果があり、しかも即効性があります。ぜひ試してみてください。

まず一つは、「書く」ということ。

「なーんだ、そんなことか。もっとすごいことかと思った」と言うのは、この「書く」ということをきちんとやったことのない人です。これを自分でもやっている人は、「書く」という行動のすごさがわかっているので、「なーんだ」とは言いません。「中島薫、わかってるじゃん」となるわけです。

書かないと忘れます。自分の記憶力を過信すると、あとで痛い目にあいます。やるべきことを忘れて大変なことになる前に、いつもリストをつくって、書いたとおりに消化していくという習慣をつけるのです。また、書くということは思考の確認行為ですから、それまで自分の中で何かぼんやりとしか存在していなかった考えが、書き出したとたんに形になります。思っていることを口に出して話してもある程度固まりますが、書くとさらに整理されるのです。そして、言葉は発せられた瞬間に消えてしまいますが、文字は残ります。ですから、自分の目標やモットー、夢などを、手帳やカードに書いていつも持ち歩き、折に触れて読み返すのです。その小さな時間の積み重ねが、実は大きな成功をもたらすのです。これもまた、簡単すぎるとバカにする人がいるかもしれませんが、バカにしてやらないということは、毎日何も書いていない白い紙をずっと見るようなものなのです。その同じ時間だけ、毎日5秒でも自分の夢を読み返す習慣をつける代わりに、です。当然ですが、白い紙をいくら見ても夢はかないませんし、かなうような展開にもなりません。どれだけ無駄に生きているかということです。

そしてもう一つは、「優先するものを決める」ということ。これもまた、「なーんだ、それならやってるよ」と言う人がいそうです。でも、ちょっと待ってください。「優先するものを決める」と言いましたが、「優先順位を決める」のではないのです。何番まであったとしても、「何があってもこれはいちばん重要」というものをまず一つ決めて、それを必ずやるのです。朝起きて、その日の仕事で真っ先にやるものをとにかく一つ決めて、実行する。それが終わってからなら、二番目以降に手をつけてもかまいません。そして仕事が終わって家に戻る途中に、帰宅してからのあなたがいちばんにやるべきことを決めます。これもいちばん重要と思うものをまず一つだけ決めて、絶対にやる。友だちにメールを送ることでも、見終わったレンタルDVDの返却準備をしてバッグに入れることでも、明日の朝食のために炊飯器にお米をセットすることでも、なんでもOKです。帰る途中に一つそれを決めて、帰ったらすぐにそれをやる習慣をつける。疲れていておっくうでも、飲み会の帰りでほろ酔い気分でも、です。その習慣がつけば、あなたの人生は確実に変わります。

私は、人が成功するかしないかは、ただ習慣の差だと思っています。才能の差ですらありません。なぜなら、才能の差というのは、突き詰めれば「自分の才能を磨く習慣がついているかいないかの差」だからです。今日からあなたも、成功する習慣をぜひ身につけていってください。

31 運は人が運んでくる

　ビジネスで成功して、収入も安定し、時間の余裕もたっぷりあり、おかげさまで国内外にいろいろな友人もいる私は、仕事仲間からよくこう言われます。

「薫さんはもう引退して悠々自適の生活をいくらでも送れるのに、なぜまだそんなに熱心に仕事を続けるんですか？」

　それにはいろいろな理由がありますが、一つは、私が「人と会う」のが好きなせいだからではないかと思います。

　人に会うということは、自分の世界をもっと広げられるということです。本もテレビもインターネットも、情報源としてすばらしい。しかし同じ人間から得る情報に、やはりいちばん反応します。

誰かに会うと、「この人はすごい」「こんなふうになりたい」と思うことが多いのですが、たまに「こういうふうにはなりたくない」という反面教師的な人にも会います。自分のためになるような人とだけ出会えるというわけではないのが人生の面白いところで、自分にとっていやな人や合わない人も現れ、いい勉強になるのです。どんな人でも、そこから何かしらの発見があるのです。

そして、これはものすごく重要なことですが、運は勝手に単独で歩いてくることはあまりないというのが私の意見です。運は、人を通して私たちに影響を与えることが多いように思います。「運は人が運んでくる」というのが中島薫の法則です。ですから、人と会うということは、すなわち、運とやりとりをすることでもあると思うのです。意外な人から意外な縁が発生し、さらに意外な展開になるのは、運がそのように私たちを導くからなのです。

人と会ったことから驚きの展開になったことはこれまでに一〇〇万回ありましたが、その中でもベスト5に入るのではないかと思う話を一つご紹介します。それは私が何年か前に仕事でハワイに行ったときのことです。現地で元バレーボール選手の中田久美さんの講演会があり、終わってから彼女と、彼女が所属する事務所の女性社長である牧山さんと三人で食事に行きました。帰国後に二人を自宅にお招きしたのですが、そのとき、私が作曲して世界歌謡祭でグランプリを受賞した「Good-by morning」のCDを差し上げました。するとそれを事務所で見た副社長の近藤さんが悲鳴を上げたそうです。なぜかというと、それは彼女が「世界でいちばん好きな曲」で、彼女はこの曲を誰かに歌わせて自分の会社から出すのが夢だったそうなのです。それはどうぞお好きなようにということで話はまとまり、ルカス・ペルマンというミュージカル歌手が歌うことになりました。そのあとで牧山さんが改めて近藤さんを私の自宅へ連れて来られました。話をしていたら近藤さんが「中島さんは誰か芸能人でファンだという方はいらっしゃいますか?」と私に聞くので、

「川原亜矢子さんは素敵だと思います」と答えると、なんと「あら、亜矢子はうちの所属で、私が担当してますよ」と言ったのです。そんなことはまったく知らなかった私がびっくりしている間に近藤さんは携帯を取り出し、「もしもし、亜矢子？いまね、中島さんっていうとんでもなくすごい人のお宅にいるの。どうすごいかはあとで話すけど、とにかくあなたのファンなんですって。ちょっとお話ししてあげて」と、私に携帯を差し出したのです。もう「えっ、あの、あの、あー、中島薫です」と、しどろもどろになりながら川原さんとお話ししました。

一つの講演会から、私は一人の人の長年の夢をかなえるお手伝いができ、さらにあこがれていた女優さんと知り合いにまでなれてしまったのです。さすが世界の中田さん、すばらしいトスでした！

誰が何を連れてくるか、本当にわかりません。わからないからこそ、人にはどんどん会ってみる、いろいろ話してみるのです。

32

セルフイメージを上げる

自分に自信のある人は次の未来が見える

私は自分のビジネスで成功しているので、まだ成功途上の友人や知人から、ビジネスについての相談を受けることがよくあります。仕事の具体的な進め方だったり、人間関係についてだったり、いろいろです。その中で時々、同じようなタイプの人たちがいることに気がつきました。

彼らの悩みや相談というのは、こんな感じです。

「一生懸命仕事をしているのに、なぜか思ったほどうまくいかない」「どうも失敗が多い」「ライバルに出し抜かれてしまうことがある」「周りになかなか協力してもらえない」……。

相談内容は一見バラバラなのですが、相談する人に共通点があるのです。

それは、彼らのセルフイメージがどうも低そうだということ。つまり、自分に自信がないのです。

どの人も、私から見たらなぜそんなに自分自身を低く見ているのかわからない、しごくまっとうな人たちです。ですから仕事もきちんとやります。やるのですが、セルフイメージが低いために、どこかで何かが邪魔をしてしまうのです。

私が思うに、自分に自信のない人というのは、イメージ力も弱めなのだと思います。うまくいくことを想像するよりも、うまくいかないことを想像してしまうので、それでミスや失敗が多くなるのです。また、自分に自信がないということは、自分を信頼していないということですから、そういう人には周りもなかなか一〇〇％の協力というのはしづらいのではないかと思います。

自分に自信のある人は、自分の次の未来を見る力もあるので、ますます前へ前へと行くことができます。一方、自信のない人は未来を見る力があまりない。ですから、見当違いの動きをしたり、心の中に不必要な恐れを抱いたりしてしまうのです。それは少しでも早く修正するべきです。でも、そんな人にいくら「自分に自信を持って！　あなたはもっとできるから。うまくいっている自分をイメージしてみたらどうですか？」などと言っても、あまり効果はありません。そこで私が彼らにすすめるのは、周りの人のいいところをできるだけたくさん見つけて、とにかくほめることです。

ほめてほめて、ほめまくるのです。具体的に細かくほめるのが難しかったら、「すばらしい！」「すごい！」「かっこいい！」「それ欲しい！」「面白い！」「素敵！」など、単語に「！」マークをつけて連発すればいいのです。

友人が言っていたのですが、人間の脳というものは、主語を認識しないそうなのです。たとえば、あなたがもしも私のことを「中島薫さんってすごいですね」とほめたとしたら、脳は、「私はすごいですね」と、自分で自分をほめたというふうに認識するのです。ということは、自分で自分をほめたりできないようなセルフイメージの低い人も、他人をほめることで、実は結果的に自分自身をほめていることになるのです。しかも、ほめた相手にも喜んでもらえる。すばらしい一石二鳥です。

人をほめることによって自分の脳をよくすることができるなんて、夢のようではないですか。新しい脳トレと呼んでもいいくらいだと私は思います。

ということは逆に、他人の悪口を言ったり考えたりしたら、脳はあなた自身のことだと思ってしまうので気をつけなければいけません。

さあ、今日からどんどん周りの人をほめて、自分の脳にいいセルフイメージを植えつけていきましょう。そうすれば輝く未来があなたを待っています。

33

●想像する

それが「夢の計画書」になるような想像をする

自分の「こうなったらいいな」「これがこうだったら面白いだろうな」ということをあれこれ想像するのが、私は大好きです。仕事の合間にちょっと時間ができたら、いろいろなことを想像して楽しんでいます。

頭の中でそんな妄想ばかりして、中島薫って変な人……とは、思わないでください。私の想像は、妄想ではなくあくまで「想像」です。

妄想と想像の大きな違いは、まず妄想は、自分とほとんど接点のないことを、夢物語のように思い描くこと、そして、思い描くだけで満足して、それを現実にするために何も行動を起こさないことです。脳の中だけで完結しています。

一方、想像とは、自分の周りで起きていることの一歩先の「こうだったらすごくいいな」と思うことをイメージすることです。それだけではなく、そのイメージしたことを現実にするための行動がセットになっています。イメージできるということは現実化するということなので、現実化のための作戦が求められるわけです。

その作戦としてものすごく効果的なのは、紙に書くことです。簡単すぎて拍子抜けしそうですが、これがバカにできないのです。想像するだけでも脳は「なるほど、こういうことを望んでいるんですね」と理解してくれますが、それを具体的に紙に書いて読んで聞かせることで、脳の理解が深まります。「わかりました、こういうことですね」と、とりあえず望みを聞くだけ聞いておいてくれるのです。その瞬間から、その想像が現実になるような出来事がどんどん起こるようになります。自分でも、ネットで何かを調べたくなったり、本を読みたくなったり、人に話をいろいろ聞いたりという動きをなぜかするようになっていくのです。知らないうちに自分で自分をプロデュースするようなものです。

ですから、どんどん想像して、バンバン紙に書いて脳に指令を出して、そしてとにかく行動するのです。

もう一度言いますが、想像するときのコツは、いまの等身大の自分をよく理解して、その自分のちょっと先、一〇五％くらいのところで起こるいいことを考えるのです。欲を出してあまりにかけ離れた想像をすると、それは脳が「あなたのそのリクエストは妄想ですから受け入れられません」と拒否するか、あるいは自分で「思い描いてはみたけど、無理でしょこんなの」と、自主回収してしまいます。脳が「それは大丈夫、かないますね」と信じることができる程度にするのがポイントです。脳が信じれば、脳が助けてくれるのですから。

夢見る夢子ちゃんの妄想は時間の無駄です。せっかく夢を思い描くなら、現実にしてなんぼです。自分の想像が即、自分の夢の計画書に変わるような、そんな想像をしてみましょう。想像力のレッスンです。

ところで私は、この得意の想像力で、またしても自分の夢をかなえてしまいました。来年、二〇一二年の自分の還暦祝いにマカオのホテルで盛大なパーティを開くのですが、そのときにイベントのゲストとして、「大好きなマライア・キャリーを海外から呼びたい！」と思っていた私は、自分の想像力を総動員し、紙にも書いて作戦をいろいろと練り、それを現実にする行動をこれでもかというくらい起こしました。その結果、また新しい大きな夢が一つかなったのです。

グラミー賞の常連でもある彼女は、これまでに全世界でシングルセールス六五〇〇万枚以上、アルバムセールス一億七五〇〇万枚以上という記録を打ち立てている歌姫です。ソロ歌手としては歴代一位、歌手としてはビートルズに次ぐ一八曲の全米ナンバー1シングルを持ち、記録上はマドンナやマイケル・ジャクソンを超えているのです。

私はこうしてどんどん夢をかなえています。あなたもあなた自身の夢をぜひかなえてください！

34

●信じる

泥を見るか星を見るか

私はとくに特定の宗教を信仰しているわけではありませんが、何かを信じるというこ とのパワーは否定できないと思っています。というより、肯定しています。信じる力があれば、魔法がかかると思っています。

もちろん、ここで言う「魔法」とは、いわゆる魔術とかマジックとかではなく、むしろ奇跡というニュアンスに近いと思ってください。

人でもものでも、自分が信じられる何かを持っている人は強い。とくに、土壇場に強いのです。

信頼できる人がいるということは幸せです。「信」じて「頼」ることができる関係なわけですから。何か人生のモットーや信条、信念などを持っている人も、軸がぶれにくいので道を踏み外すことが少ないでしょう。そして、自分を信じることができる人というのはすばらしいと思います。

ところが、自分が信じられないという人が意外と多いのです。自分を低く見積もりすぎていたり、過去の失敗にいつまでもとらわれていて「自分はできない」と思いこんでいたり。

自分を否定したら人生は終わりです。他の人が自分を否定したとしても、自分だけは自分自身のことを肯定し、認めてあげる。そうしないと人生の暗いトンネルに入ってしまいます。入っただけではありません。自分を否定する人が入ると、それは出られないかもしれないトンネルに変わってしまうのです。

トンネルというのは、向こうに絶対に出口があるということが大前提で入るものです。つまり、出口があると信じてみんな入ります。それが、「信じていないんですね。では、今日の出口はあるかないか、さあどうでしょう」みたいなことを言われたら、怖すぎますね。そんな日替わりトンネルにしてしまわないよう、「信じる」ということが重要です。そうすれば、出口になかなかたどり着かないトンネルでも、「出口があるのは間違いないんだから、ちょっと長いトンネルなだけだ」と、落ち着いて前に進むことができます。

信じるということは、前に進む力そのものなのです。

世界中がその行く末を何か月にもわたって注目した、チリ北部のサンホセ鉱山落盤事故のことは記憶に新しいと思います。崩落によって閉じこめられた三三名の鉱山作業員の人たちが全員無事に救出された裏側には、「絶対に助かる」「絶対に地上に戻るんだ」と、みんなが信じて、心を一つにして耐えたということがあるでしょう。もしもそう信じていなければ、もしかすると体力や気力が尽きて亡くなる方も出たかもしれません。

信じられる人には、必要なときに必要な人との出会いがあります。それは、これまでに私が何度も経験したことです。信じている人には、運がそういう人をきっと差し向けてくれるのでしょう。

自分を信じられる人は、人をひきつける力があります。成長のヒントの匂いがするからです。こんな暗いご時世に、そういう人はますますチャンスをつかみやすくなります。

信じることは強制ではありませんから、信じたくない人は信じなくてももちろんいい。でも、どうせなら、泥を見るよりも星を見ていたいとは思いませんか？　目線を落として気持ちも落としながら足下の泥を見るよりも、空を見上げて星を見るほうが、きっと宇宙の力を分けてもらえると思うのです。

35

●感謝する

感謝をすると初心に戻れる

私の「生き方の極意」、それがこの「感謝をする」ということです。いまの私があるのは、ずっと感謝の気持ちを忘れないように自分に言い聞かせてきたからと言っても過言ではないかもしれません。

「感謝」は私の人生のキーワードであり、もうくせでもあります。話していても、手紙やメールにも、なんにでもこの「感謝」という言葉が出ます。おかしかったのは、メールを打とうとして「か」と入力したとたんに「感謝」と出てきたことです。そのくらい、私は「感謝」という言葉を使う頻度が高いのです。

人は一人では生きていけません。誰と関わるか、誰に支えられるか、助けられるか。そのときに、自分のために動いてくれたり、情報をくれたり、アドバイスをくれたりしたすべての人に対して、すぐに本能的に感謝の気持ちが出てこないと、そのときはよくても、その先の人生はお先真っ暗に必ずなります。

「そうは言っても、『感謝』って何かすごく大げさというか、普段使うには少しオーバーな表現で、逆に嘘《うそ》っぽくないですか？」

「感謝」という言葉を使い慣れない人は、たまにこんなことを言います。だからこそ、逆にどんどん使って、照れがなくなるくらいまで慣れてしまえばいいのです。それは感謝という言葉が使われすぎて安っぽくなるということではなく、あなたのボキャブラリーとして自然に身についたということなのです。

感謝は、けっして大げさでもたいそうな表現でもありません。自分の心からの「ありがたい」という気持ちを表せる、便利でポップで美しい言葉なのです。

日常的にたくさん感謝をすることは、ものすごく素敵なことです。感謝するものごとや人がたくさんあるということなのですから。

感謝をする人は、間違いなく運に愛されます。その証拠に、「感謝します」と言えば言うほど、感謝するような出来事がどんどん起こります。これは本当です。だまされたと思って、あなたもやってみてください。いいことが起こる前に、先回りして「感謝します」と言っておくのです。

私は五木ひろしさんの長年の大ファンなのですが、五木さんとひょんなことからご縁をいただき、現在、個人的にディナーショーをお願いできるくらいに親しくさせていただいているのも、もとはと言えば「感謝」から来ています。

何年か前にハワイに行ったときのこと、帰りの空港のＶＩＰラウンジで、私は五木さんの曲をiPodで聴いていました。「五木さんの歌唱力はすばらしい！　いつも感動させてくれることに感謝です」とつぶやいた瞬間に、なんと本人がラウンジに入ってきたのです。嘘のような本当の話です。私は、思い切って五木さんに「私は五木さんの大ファンなのですが、いま、ちょうど五木さんの曲を聴いていたんですよ！」と話しかけました。五木さんはとても喜ばれ、私にご自分のＣＤをくださいました。そこからすべてが始まりました。私が家にご招待したり、お返しに五木さんがコンサートに招待してくださったり。そのことに私がますます感謝していると、五木さんは新しいＣＤを送ってくださったり、コンサートで私の好きな曲をプログラムに入れてくださったり、「これでもか」と私が喜びそうなことをしてくださって、本当に感謝です。五木さんがなぜ日本の音楽界で長い間トップを走っているのか、わかる気がします。

感謝をすると初心に戻れ、謙虚な気持ちになります。自分がいま手にしているものはすべて当然の権利であるというような勘違いをしたり、人に何かしてもらって感謝をせずに、してもらって当たり前などと思い上がった気持ちでいると、運はあなたからダッシュで離れていきます。偉くなった人ほど初心に戻るきっかけをつかめずに、最後はおごってしまって人生が終わるということが多いので気をつけなければいけません。「感謝」でそれを防ぐのです。

36

●発見する

「小さな発見」を見逃さない人だけが、「大きな運命の流れ」に乗ることができる

「見つけるのがうまい人」というのがいます。同じ街を同じように歩いていても、それがあまりうまくない人よりも、たくさんのものを見つけてしまう人です。新しいカフェがオープンしているのを見つけたり、角の中華料理店が冷やし中華を始めたことに気がついたり、駅や交差点などの人ごみの中で知り合いを見つけたり。こういう人は普通の人が見逃してしまうような小さな発見や小さな変化に敏感で、何か心にひっかかることがあると「ん？　待てよ」と立ち止まりよく観察し、そしてその裏にある大きなチャンスをつかまえる確率が高いのです。

好奇心のアンテナを立て、直感のささやきを聞き逃さない人になりましょう。小さな何かを見つけるくせをつけましょう。そのためには、その見つけたものを人に話したり、メールで伝えたり、ブログやツイッターなどで発信するなど、ちょっとした小ネタをつねにアウトプットするように心がけると、見つけやすくなってきます。そうしているうちに、ある日自分の人生を変えるような大きな出会いがやってくるのです。その大きなものとの出会いのために、小さな出会いから始めるのです。

私も、小さな小さな出会いと思っていたことが、実はあとで自分の人生や運命をびっくりするほど大きく変える出会いだったということがたくさんあります。

その一つは、エルトン・ジョンとの出会いです。と言っても、最初の出会いは彼の曲との出会いです。

故郷の島根で、高校を卒業後ヤマハのセールスマンになったばかりのとき、研修で浜松に行くことになりました。浜松の商店街を歩いていて、たまたま入ったレコード店で流れていた曲がエルトン・ジョンの『Your Song』、邦題で『僕の歌は君の歌』でした。英語ができない私には何についての歌なのかは全然見当がつきませんでしたが、メロディーがあまりにもきれいで、心に響いたのです。そこでお店の人に曲名と歌手名を聞いたら、エルトン・ジョンの『Your Song』だったわけです。買って帰ろうと思ったら、「これはテスト盤で、来月に正式発売になります」と言われ、それで島根に戻ってから改めてアルバムを買いました。あのときのドキドキした気持ちは、いまでもよく覚えています。それですっかり彼の大ファンになった私は、アルバムが出る度に買い、レコードがすりきれるまで何度も何度も聴きました。いつか本物のエルトン・ジョンに会いたい、本人が歌う『Your Song』が聴きたいとずっと思い続けていたら、しばらくして来日コンサートがありました。どうしても行きたいと思い、なんとかチケットを取り、会社に休みをもらい生まれてはじめて大阪の厚生年金会館（当時）へ行きました。そこで本人を見て、曲を聴き、さらに衝撃を受けた私は、「彼のつくる曲のような美しい曲をいつか自分でもつくってみたい」と思い始め、そこから世界歌謡祭へ出場し、グランプリを取り、作曲家になります。以来、彼は私の人生の節目節目にいろいろな形で登場しては、私を次のステージへとひき上げてくれました。そして最後には、とうとう本人と知り合い、はては彼の自宅で開催されるチャリティパーティに毎年招待されるまでになったのです。パーティには、ビル・ゲイツなどの事業家やビル・クリントンなどの政界人、デンゼル・ワシントンやウィル・スミス、ユマ・サーマンなどのハリウッド俳優・女優、ジャスティン・ティンバーレイクなどのアーティスト、ナオミ・キャンベルなどのスーパーモデル、スポーツ選手やF1ドライバーまで、セレブ中のセレブが集まり、目がくらむほどの華やかさです。浜松の商店街のレコード店に入ったときにたまたま流れていた曲が、私をこんなところまで連れてきてくれたのだと思うと、ものすごく不思議で、そして感謝の気持ちでいっぱいになります。

毎日の生活に、小さな発見の嵐を巻き起こしましょう。そして、それが大きな嵐になるように、そこから「行動する」ということを続けましょう。あなたの人生がとんでもなく豊かで幸運な方向へ向かうチャンスを、逃さないように。

37

人の役に立つ

人に喜ばれる自分になれば、「運に愛される人」になれる

あなたは、何をしているときがいちばん幸せですか？

私は、自分がしたことによって周りの人が喜んでくれたり、幸せになってくれたり、彼らの役に立っているときがいちばん幸せです。私が成長を手助けすることによって、彼らが次の世界へ旅立つのを見送るとき、私の心は感動で満たされ、このうえない喜びと幸福感で包まれます。

そして私がやっているビジネスは、できるだけたくさんの人を幸せにするためのもの。ということは、私は仕事を楽しんでいるときがいちばん幸せなのかもしれま

せん。

格好をつけているわけでも、滅私奉公をしているわけでもありません。自分が豊かに幸せになりたいと思うなら、まず周りの人を豊かに幸せにするのが、一見遠回りに見えて実は近道なのです。

まず自分が豊かで幸せになってから他の人を豊かで幸せにするというのは、正しいように見えて、逆なのです。

人を大事に、大切にする人が、人からも大事に大切にされる。シンプルな、真実の法則です。

なんでも先手を打って、こちらから先にしかけること。そして、相手の期待以上のことをする。そのときに私の頭の中にいつも浮かぶのが、「減るもんじゃあるまいし」という言葉です。

出し惜しみをしない。手加減をしない。持てる情熱のすべてを使って、他の人のために何かをするのです。

誰かを幸せにするなんて、難しそうですか？　意外とそうでもないことは、やってみたらわかります。その人が何を望んでいるかがわかれば簡単です。そのためには、少しの観察力と想像力があればいいのです。

何かにチャレンジしている人には応援を。困っている人には手助けを。何かを始めようとしている人には情報を。自信をなくしている人にはあたたかい励ましを。夢をかなえた人には惜しみない拍手と賞賛を。最近、変化が少ない人には驚きを。そして、すべての人に心からの愛情と感謝を。

あなたがお金持ちでなくても、地位や肩書きがなくても、知識がなくても、時間がなくても、誰かのためにできることは本当にたくさんあるのです。

そして、あなたが他の人のためにしてあげたことは、回り回って、あなたのところへいつかきっと戻ってきます。そのときあなたは、すでに運から愛される人になっていることでしょう。

気をつけなければいけないのは、誰かのために何かをするときには、けっして見返りを求めないこと。見返りを期待した瞬間、運はあなたから離れ、あとには一二時に魔法がとけたシンデレラのように、一人そこに取り残されたあなたがいる、ということになってしまうのです。

「あなたのために」、この言葉をいつも忘れずに。

「あなたのために」何かをしたいとあなたが思う人が、周りに何人いるか。そして、「あなたのために」と、あなたにも何かをしてくれる人が、周りに何人いるか。それが人生のステイタスです。

周りの人を、もっともっと好きになりましょう。好きになればなるほど、あなたも彼らから好かれます。好きになるエネルギー、好かれるエネルギーが運は大好きです。ですから、そのプラスのエネルギーが大きければ大きいほど、あなたは運に愛されるのです。

おわりに

運に愛されれば、人生は本当に豊かで幸福に満ちたものになる。これは、まぎれもない真実です。ただし、勘違いしてはいけないことが一つ。

それは、運は人生の一〇〇%を左右しているわけではない、ということです。

私のこれまでの経験からくる感覚では、運が三割、そして行動が七割。この数字は人によって意見が違うかもしれませんが、「中島薫の法則」としては三：七です。

さらに言うと、運よりも行動が先です。七にあたる行動の部分を、一〇〇%の情熱を傾けて真摯に実行していてはじめて、三にあたる運が動き出してくれるのです。

つまり、行動なくして運はない、ということ。運に愛されるためには、そして愛され続けるためには、それ相当の行動をしなければならないというわけです。

運を人のように考えてみるとイメージしやすいかもしれません。誰かに好かれたいと思ったら、その人が好きになってくれるような人になるということです。何もせずに人から好かれて、そして好かれ続けるなんて、まず不可能でしょう。そのくらい、運に愛されるためには努力がいるのです。かといって、運が人と違って難しいのは、「愛されよう」と思って行動すると失敗してしまうところです。人間なら駆け引きのような作戦が功を奏したり、あるいはこちらが情熱と誠意を持って押していけば思いが通じるということもあるかもしれません。しかし、運は違います。こちらが「運に愛されよう」と思った時点でそれを察知し、その後どんなに行動に移しても、「見返りを期待してやっているんだな」と判断してしまうのです。

ですから、私たちが運に愛されようと思ったら、まず「愛されよう」という思いをいったん捨てて、運から愛されるような人になることを目指す必要があります。

この本では、私が普段の習慣にしていることから三七個を厳選してお伝えしてきました。私なりに感じた「運はこういう人が好き」「こういう人は好きではない」というヒントもちりばめてあるので、参考にしていただければと思います。

私が「運に愛されている」と言われたと「はじめに」でもふれましたが、言ったのは清島久門さんという、非常に徳の高い霊能力者の方です。「霊能力者なんて怖い」「目に見えない世界なんて信じられない」と思う人もいるかもしれません。私も、目に見えないスピリチュアルな世界はよくわかりませんし、そういった類《たぐい》の能力もないのですが、だからと言ってそれらを否定はしません。運も目には見えませんし、私は自分のご先祖様たちに守っていただいていると思っているからです。

清島さんによると、たとえば、マイクロソフト社のビル・ゲイツ氏やアップル社のスティーブ・ジョブズ氏なども「運に愛されている」らしく、そういう人たちの共通点は、「たくさんの人を幸せにしていること」だそうです。

確かに、コンピュータの恩恵にあずからない人はこの地球ではもうほとんどいないでしょう。アーティストやアスリートは人々に夢や希望や感動を与えますし、べストセラー作家は人間の想像力の扉を次々に開けてくれます。これらの人たちは、自分で認識はしていなくとも、時代や社会に愛されているのです。

人と同じく、企業も、たくさんの人を幸せにすれば成功し発展するし、逆にそうしない企業は衰退します。まずお客様のために何ができるかを考え、お客様が喜ぶことを優先する企業は伸びていくし、売り上げを第一に考えて自分たちの利益を優先する企業は、確実にこの世から消えていくということです。恐ろしい話です。

ということは、運に愛されるには、人から愛されること、それにはまずこちらから愛する、つまり人のために自分ができることをし、役に立ち、喜んでもらうということです。

そう考えると私はラッキーでした。自分のビジネスが、「他人を助けて成功させ、豊かにすることが、自分を豊かにすることへの近道」というビジネスだったからです。おかげで、私は自分が楽しみながら、たくさんの人の成功のお手伝いができていますし、それがまた自分自身の成功にもつながっています。

あなたも自分の周りの人を喜ばせ、幸せにし、そして運に愛されましょう。始まりはいつだって小さい。誰かのお手伝いや応援をするのもいいですし、必要な情報を教えてあげたり、感謝の気持ちを表したり、ほめるのもいいと思います。

私の人生の恩師であるリッチ・デヴォス氏はいつも私を励まし、思いやりの心を示してくれますし、私の家族はいつも心からの安心と愛情を与えてくれますし、私の仕事仲間やスタッフはいつも私に全面のサポートを送ってくれます。ですから私も「もっとこの人たちを喜ばせたい、幸せにしたい」と思って頑張ることができ、それが結果的に運に愛されることにつながっているのです。

あなたの人生も、今日から「運に愛される」方向へと進んでいきますように。

二〇一一年初春

中島　薫

「いつもそばにいてくれて、
私を見守ってくれてありがとう。
これからも人の役に立てるように、
もっともっと、人の喜ぶことを心がけていきます。
これからもよろしくお願いします」と、
運にさりげなく感謝してみましょう。

単行本　二〇一一年三月　サンマーク出版刊
肩書・データは刊行当時のものです。

サンマーク文庫

運に愛される人

2016年7月20日　初版発行
2020年2月10日　第7刷発行

著者　中島 薫
発行人　植木宣隆
発行所　株式会社サンマーク出版
東京都新宿区高田馬場 2-16-11
電話 03-5272-3166

フォーマットデザイン　重原 隆
本文DTP　山中 央
印刷・製本　共同印刷株式会社

ISBN978-4-7631-6079-9　C0130

ホームページ　http://www.sunmark.co.jp